告别与新生

大师们的非常抉择

汪兆骞 ◎著

中国出版集团　现代出版社

图书在版编目（CIP）数据

告别与新生 / 汪兆骞著 . —北京：现代出版社，2018.3
ISBN 978-7-5143-6586-3

Ⅰ. ①告…　Ⅱ. ①汪…　Ⅲ. ①文化－名人－生平事迹－中国－现代
Ⅳ. ① K825.4

中国版本图书馆 CIP 数据核字（2017）第 258977 号

告别与新生

作　　者	汪兆骞	
责任编辑	张　霆　姚冬霞	
出版发行	现代出版社	
地　　址	北京市安定门外安华里 504 号	
邮政编码	100011	
电　　话	010-64267325　64245264（传真）	
网　　址	www.1980xd.com	
电子邮箱	xiandai@vip.sina.com	
印　　刷	三河市宏盛印务有限公司	
开　　本	710mm×1000mm　1/16	
印　　张	16	
版　　次	2018 年 3 月第 1 版　2018 年 3 月第 1 次印刷	
书　　号	ISBN 978-7-5143-6586-3	
定　　价	45.80 元	

目　录

引　言

　　1946 年至 1949 年，因国民党反对和谈而发生的国共内战，对于 20 世纪中国的意义自不待言。国共内战加速了中国现代文学格局的分化与转型。本书重点表现国统区文学风景：从文学与政党、政治间的复杂关系中，我们可以发现文学在历史和政治霸权统治之下曲折成长的过程，以及作家、报人乃至知识分子与政治或即或离的挣扎中的生存状态。

　　中国文学在叙述 20 世纪上半叶中国历史时，解放战争总应是浓墨重彩书写的篇章。但是，现代文学的历史叙述中，解放战争时期的文学，往往面目模糊，审美评价也不高。其实，解放战争是被压迫的人民为了争取解放进行的壮丽的斗争。解放区的大批革命作家，以丰富多彩的笔墨为解放战争留下了真实生动的文学画卷。而本书更多呈现的是国统区广大进步作家，为配合解放战争，有的无情揭露控诉国民党当局的腐败黑暗，有的作家在战争背景下，书写人性的幽曲、精神的觅寻，为现代文学增添了许多广袤浑厚的艺术新质，其审美世界也流光溢彩、空间广阔。如此反映解放战争时期的国统区文学，理当在现代文学上拥有重要席位，但一直只被视为社会史在文学中的简单投影，这是一个值得我们重新审视、认真研究的领域。

　　重建解放战争时期的文学历史叙述，具有怎样的可能性，值得期待。

　　在现代文学的历史叙述中，国共内战时的文学缺乏认真研究，审美评价也偏低和失重。

在抗战胜利之后，赵树理的小说在表现农村从落后专制走向现代化、民主化的过程中，揭示出其中的艰巨性与复杂性，在轻松幽默的笔触中，透露出冷峻的现实主义风格并包含着丰厚的民俗文学的意蕴。

丁玲以充沛的革命激情，力求通过《太阳照在桑干河上》真实反映中国农村前所未有的土地改革，并围绕这一场伟大的革命，展示当时广阔的社会生活画卷。

冯雪峰在文艺批评方面，坚持恩格斯提出的"美学与历史相统一"的辩证方法，去分析文学现象，解释"艺术与生活，艺术与政治，主观与客观，以及作者与人民"等问题，与教条主义做斗争。

沈从文在这几年发表《芸庐纪事》《枫木坳》等小说，一如既往地为读者展示一幅幅社会风俗画，并将感情寄寓于人物命运的演变之中，虽无大波大澜，却于轻松中含着伤感，热烈里透着悲凉，表达着他对中国特别是乡村社会历史演变的思考，深致辽远，令人有无尽遐想。

老舍在美国，听不到国内隆隆的炮声，"颇有雄心"地伏案创作他的《四世同堂》。全书以北平一条小胡同为舞台，让三教九流、各色人等，十七八户共一百三十多人粉墨登场，笔墨浓重地写了四世同堂的祁老人一家。而写得最出彩的，却是大杂院里那群地位卑微的个体劳动者。小说无情地揭露残酷的日本统治者，同时表现了爱国知识分子的善良、懦弱和苦闷，特别写出了底层市民坚强不屈的意志。《四世同堂》成了老舍小说的扛鼎之作。

曾一度与老舍同受美国政府之邀做学术访问的曹禺，中断了揭露官僚资产阶级对民族工业掠夺的剧本《桥》。归国后，发表电影剧本《艳阳天》，反映抗战胜利后国统区的人民水深火热的痛苦生活，以及人民渴望艳阳天快点来临的迫切心愿，实际上是写人民如旱天盼云霓般迎接新中国的心情。

抗战胜利后，小说家张恨水将讽刺的锋芒对准国民党政权掠夺人民的反动本质和与日伪汉奸不分轩轾的丑恶面目，创作了《巴山夜雨》《纸醉金迷》两部小说。前者描写战争年代的动乱生活景象与人们真实的生存状态；后者诅咒丑恶现实与金钱异化现象。1947年又发表《五子登科》，写国民党要员与汉奸勾结，目迷五色，放肆"劫收"金子、车子、女子、房子、票子等厚颜无耻的丑态，展示了国民党政府与日伪两个政权的人物反动肮脏的灵魂。

闻一多自言"我是以文学史家自居"，他却以创作并研究中国现代格律诗而享誉诗坛。抗战胜利后，闻一多目睹国民党政府腐败反动，镇压人民，愤然"拍案而起"，参加爱国民主运动。1946年7月，因怒斥反动当局，被特务暗杀，用殷红的鲜血写出了生命中最壮丽的诗篇。其实"既有诗人气质，又具学者风范"的闻一多在成为反法西斯战士之前，是经历了很多反复和曲折的。

1948年初，国民党政府演出了一场竞选总统的闹剧。蒋介石推荐胡适为总统候选人，胡适拒绝了。抗战胜利后，胡适在政治立场上，一步一步靠拢了蒋介石，用他的话，就是"做了过河卒子，只能拼命向前"。到了蒋介石败退台湾之前，亲蒋的色彩更加浓重。可悲的是，他还在恪尽自己的职责，在思想文化上，仍祭起"自由主义"大旗，做他自己的文化之梦，在北平和平解放之前，他绝望地向北京大学投上凄楚的一瞥。在登上赴美的船只时，他写的第二篇文章居然是《〈陈独秀的最后见解〉序》。前路渺渺，身后悠悠，那灵魂的孤独与寂寞，浮于沧海……

"孤岛"时期的张爱玲，创作出一篇篇传奇故事，让上海文坛不时地"轰动"。1946年，她又以《传奇》再次引起文坛的热闹。如她自己所说，《传奇》"目的是在传奇里面寻找普通人，在普通人里寻找传奇"。张爱玲的小说所表现的，是人的精神世俗性和生活平淡性中散发出的浓烈人生意味。有对人性的率真、犀利、无情的现代精神俯瞰。张爱玲骨子里的古典文化趣味与她所受的现代教育和市井文化的结合，带来了她小说在古今意象、中西境界和谐交织上的成功，具有"雅""俗"共存的内核，"滋味醇厚""酒陈而香"。

胡适的弟子苏雪林，在武大任教时，其讲义《新文学研究》，论及作家一百三十余人，提及作品二百部。该讲义开创以文学体裁为结构线索的研究体系，表现出她对新文学独特的理解，对作家的判断，颇为剀切。尤其对鲁迅《呐喊》《彷徨》予以高度评价。但鲁迅殁后，她在致蔡元培的信中，对鲁迅不客气地"评骘"，甚至肆意攻讦，连她的老师胡适都看不过去，也以书信严肃批评她的"恶腔调"，为鲁迅辩诬。

到了抗战时期，苏雪林捐献了自己全部财产，合五十一两黄金，可购战斗机一架，又为世人称颂。1998年，苏雪林一百零一岁，荣归故里探亲，登黄山饱览秀美风光，中央电视台跟踪报道，轰动全国。次年，苏雪林在台湾病故后，按她的遗愿，安葬于故乡黄山脚下……

乙酉年（1945年）底，军警包围八道湾十一号周宅，以汉奸罪逮捕周作人。次年5月被押南京受审。周作人背叛民族，当了不耻的汉奸，查之有据，罪不可赦。曾经嘲笑左翼作家"把灵魂献给上帝"的周作人，抗战时却把自己的灵魂卖给了魔鬼，这真是绝妙的讽刺和宿命。受审时，他没了原先的一脸的道貌岸然，却添上了满脸的小心。黄裳写了一篇《金陵五记·老虎桥边看"知堂"》，读后，不禁让人想起杭州岳飞坟旁的秦桧，历史让他跪在那儿，"白铁无辜铸佞臣"，那般光景，让人说什么好呢！到了戊子年（1948年），沉默的监狱高墙里，周作人却吟诵：

书房小鬼忒顽皮，扫帚拖来当马骑。

额头撞墙梅子大，挥鞭依旧笑嘻嘻。……

　　而在香港的郭沫若，在《华商报》发表《抗战回忆录》，连载三个多月，以其在政坛和文坛的影响，这部内容翔实、文笔大气流畅的回忆录，广受社会各界关注和好评，在日本亦引起不俗的反响。

　　林徽因在清华园，已听到了解放军隆隆的炮声。忽有一天，一辆军用吉普车停在她家门口，跳下了一个解放军军官，说他受上级指派，向闻名于世的建筑学家梁、林夫妇请教，如被迫攻城时，古城哪些重要的古迹需要保护……

　　在香港的"雨巷诗人"戴望舒，在文化人的岗位上，做了不少反帝、反法西斯、反侵略的文化工作，其诗唱出了民族的气节、群众的感情。他被捕入狱，宁死不屈……

　　在香港的茅盾，把长篇小说《锻炼》交由《文汇报》连载，这是他计划写的长篇五部曲第一卷。小说以上海"八一三"抗战为背景，力求表现抗战初期各个阶级、不同阶层群众的政治动向和精神状态。但小说遭到了冷落，茅盾只好放弃已经架构好的下面四部的创作。《锻炼》成了长篇小说大师的绝唱……

　　"春潮带雨晚来急，野渡无人舟自横"，接下来，共和国文学将拉开雄伟悲壮的大幕，作家们兴奋而又忐忑地迎接新生活的到来……

第一章
民国三十五年
（1946年）

老舍创作《四世同堂》；张爱
玲"在传奇里找普通人，在
普通人里找传奇"；闻一多用
生命做了"最后一次的讲演"；
冯雪峰撰写《鲁迅回忆录》

解放战争期间，在国统区，进步的知识分子对国民党当局的政治迫害、对言论的压迫进行着不懈的斗争。这成为言论史上一道亮丽的风景线。

1946 年，上海各界知识分子四千二百七十一人联名通电蒋介石、毛泽东，呼吁全面停战。《民主周刊》《时代评论》《大公报》《新民报》等或联合发表声明，或发表社论，坚决反对国民党迫害言论自由的法西斯式统治。付出的代价是李公朴、闻一多遭暗杀，喋血街头。全国文化界奋起谴责当局的卑鄙暴行。

9 月，储安平在上海奋起创办《观察》周刊。以其"独立的、客观的、超党派的"追求，《观察》迅速成为"全国自由思想分子的共同刊物"。其七十多位撰稿人几乎都是进步的作家、教授、报人。储安平把"文人论政"推向高峰，他和进步知识分子，以其坚定的道义和担当、独立的品格和人格魅力，悲壮地完成了民国清流的谢幕演出，"成为百年绝响"。

"雾里梅花江上烟"，老舍在美创作《四世同堂》

1

1945 年 8 月 15 日，伟大而艰苦卓绝的抗战，终于以中国的全面胜利而告终。

在举国欢庆的时刻，老舍激动得几近癫狂，在文艺界庆祝会上，他纵情把盏豪饮，甚至跳到酒桌上，划拳行令，狂欢忘形。那是那一代爱国知识分子对整整八年的奋斗和等待的恣肆释放。他们为这场民族解放战争付出了太多的智慧、心血和忠诚。

但是，当国家承认和嘉奖抗战有功人员时，似乎忘记了这些文化人。当时政府制作了"胜利纪念章"，党政工作人员、军人等相关者皆有份，唯文教界无此殊荣，老舍等人代表文协与有关方面协商，结果仍无望获得。在萧伯青写的《老舍在武汉、重庆》一文中，写出了文艺界的不满，老舍曾就此向萧表达对政府的愤慨："你看他们这些人有多么笨！一个胜利章能值几文，对坚持抗战的作家每人发一个，皆大欢喜，岂不是比较好些，可他们偏不那样做，这倒真使纪念章不值半文了。"

老舍原本想胜利后，继续回到山东青岛生活工作，当年他在青岛教书时，依山傍海、山清水秀的幽静环境，给他留下太多美好的记忆。抗战快要胜利的 5 月，他曾在《民主世界》发表了《"住"的梦》，说他春天想住杭州，夏天想住青城山或者青岛，秋天住在北平，冬天住重庆或昆明，他甚至畅想，一旦自己有了钱，就在他喜欢住的这几座城市各盖一座中式三合院，就连宅名都已想好，叫"不会草堂"，"不会"者，即不再像在文协工作那样天天开会之意也。

日本一投降，老舍真的写信给在青岛的老朋友王统照，请他帮忙买一座带小院的房舍，自己将在那里种花写作，安度余生。他曾想，战争刚结束，青岛肯定有许多空房子待出售。但当他接到王统照的回信时，他深深地失望了。那些空房子早就被发国难财的巨贾收购，或被手中有权的小官员以"接收"的名义占有了。

其实，老舍对国民政府的官员，早就十分了解。他在抗战后期写的一个叫"残雾"的剧本，就揭露过他们的"好色、贪权、爱财"等丑态。该剧讲的是一位局长，被日本女间谍色诱利用的故事。该剧的结尾是局长被抓，正当探长奉命抓捕日本女间谍时，一个官太太却派人将女间谍救出，去参加她的宴会。

另一剧作《面子问题》，写国民政府"某机关"里的官僚的种种丑行丑态。一面是"世家出身，为官多年"，一向作威作福、死要面子的佟秘书被撤职；一面是不够精明却心地善良的赵姓后勤工友，意外地得到一笔遗产，突然成了财主，周围的人，要么讨好献媚，要么投井下石。该剧通过对官场人情世故的讽刺，抨击国民党官僚的贪婪无耻和堕落。

这些剧作，源于生活，但令老舍没想到的是，在抗战胜利后，国民党官吏的腐败会变本加厉。这个政府已病入膏肓，无可救药。

老舍的买房梦又成了一枕黄粱，1946年年关临近，友人纷纷离开重庆，在邻居忙于准备新年的喜庆气氛中，老舍望着重庆北碚这栋有些冷清、阴凉的小楼，心里突生一种凄苦。

夜晚，寒月一弯照进小屋，他忆起1941年所赋的七绝一首，很合现在游子思乡的心境，于是抄录下来遣闷，其诗是：

> 雾里梅花江上烟，小三峡外又新年。
>
> 病中逢酒仍须醉，家在卢沟桥北边。

不久，这首诗发表在《神州日报》，其抒思乡之情，让背井离乡、漂泊在外的游子，备感凄苦。

2

寂寞清冷的老舍，突然交了好运，令他始料不及。

1946 年 1 月 10 日，国民党的中央社发布了一条消息：

> 美国国务院决定聘曹禺、老舍二氏赴美讲学，闻二氏已接受邀请，
> 将于近期内出国。

当时，以官方文化界代表出访国外者不少，但以民间文化人代表身份出访的，曹禺和老舍算是开先风者，故国内外较为重视。老舍更是喜出望外。

抗战胜利后，美国政府为了加强与中国文化交流，拟请中国作家访美。几乎就在这时，老舍写的《骆驼祥子》，因被翻译成《黄包车夫》在美出版后，荣获 1945 年全美最畅销的小说之一，老舍被美国文艺界普遍认为是中国的优秀作家。于是，美国国务院出面，邀请老舍到美访问、讲学，作为中美文化交流的系列项目之一。

美国驻华大使馆文化联络员威尔马和在重庆美国新闻处服务的费正清，对促成老舍访美之行，起到了相当重要的作用。根据他们对中国文坛的深刻了解，他们向美国政府郑重地推荐了在中国文坛享有盛誉的老舍，他们还建议美国政府，最好再邀一位共产党人作家，并推荐了周扬、欧阳

山等，但经他们多方联系，最终未获成功，便有了另一位作家曹禺和老舍同行的结果。

经历了八年艰苦而紧张的抗战，老舍积劳成疾，能有一次一年的访美之行，这对调养身心自然是一次难得的机会。但令老舍沮丧的是，美国只邀请自己，而一直聚少离多的夫人和孩子不包括在内。老舍踌躇再三，最后考虑一年后全家再团聚，就下了决心去美"放青儿"，苦累了八年的"骆驼"，可在青青草地上，尽情地吃青草。孰料种种原因，此次骨肉分离，一别竟然有四年之久。

老舍、曹禺离开重庆时，张治中将军为他们设宴饯行，周恩来、冯玉祥、冰心，还有从延安到重庆治病的毛泽东夫人江青也应邀到会。那位一年前在老舍创作十周年纪念会上，激情澎湃赋诗的大名鼎鼎的诗人郭沫若，也赶来为老友送行。老舍记得那年郭沫若赋的诗是：

> 我爱舒夫子，文章一代宗。
>
> 交游肝胆露，富贵牛马风。
>
> 脱俗非关隐，逃名岂畏穷？
>
> 国家恒至上，德业善持中。
>
> 寸楷含幽默，片言振聩聋。
>
> 民间风广采，域外说宏通。
>
> 徒步谢公屐，高歌京洛钟。
>
> 更因豪饮歇，还颂万年松。

此诗后以《民国二十三年春奉贺舍予兄创作廿周年》，发在《扫荡报》（1944年4月6日）。这诗让老舍很感动。

在这次宴会上，记者请老舍谈谈对即将赴美有何感想，他的幽默天性，再次让在座的宾朋会心一笑。老舍笑曰：此次赴美，是去"放青儿"。其一直自喻骆驼，春天到张家口外的坝上草原，去吃青草，去换毛，然后回来进行负载更沉重、更遥远的跋涉。

老舍、曹禺到达上海等候乘船期间，文协上海分会的老朋友，为他们举行了一次盛大的欢送会。据当时《新华日报》的报道，茅盾、巴金、阳翰笙、胡风、潘梓年等文艺界名流，提前抵沪，送别老舍、曹禺。

宴会是热烈的，经历战火的淬砺，故友重逢，相谈甚欢，同时，在欢歌笑语中，也弥漫着一股忧虑的情绪，中华民族刚刚从日寇的蹂躏中解救出来，突然，又面临着同室操戈的危机。

老舍似乎还存在一种乐观情绪。《双十协定》毕竟已在 1945 年 10 月 10 日签订，经过毛泽东和蒋介石四十三天的谈判，国共达成和平民主建国共识。签订《双十协定》的第二天，毛泽东在王若飞、张治中陪同下返回延安。1946 年 1 月 10 日，政治协商会议又在重庆召开，同一天，国共又签订停战协定，毛泽东、蒋介石分别向所属部队下达停战令。1 月 13 日，军调部组成，中共代表为叶剑英、罗瑞卿，国民党代表为郑介石、蔡文治。军调部派三十八个小组，赴各冲突点调处。2 月 25 日，《关于军队整编及统编中共部队为国军之基本方案》由军事三人（周恩来、张治中、马歇尔）小组签订。全国民众热烈拥护。老舍看到和平希望，他甚至说："在我回国时，希望政治协商的决议多少实现一点，而'文协'能自由地活动。"

有些史家说，当时的老舍已经投入了共产党的阵营，其实不然，从他登上文坛，到抗日战争胜利，老舍一直是个民主主义者，一个爱国进步作家。以他在美国引起轰动的《骆驼祥子》为例，这部小说比起左翼作家的作品，没有那么多的"革命"内容和"战斗精神"，只是真实地描绘了故都北平城里一个人力车夫的艰难的生活和悲剧命运。小说创作的缘起，是他听人讲起一个车夫买车卖车的三起三落的真实事件。他听后，觉得这事件很有典型意义，认为"这颇可以写成一篇小说"。辞去山东大学教职，当了专业作家的老舍，开始"入迷似的去搜集材料"。这位在北平穷苦胡同长大，熟悉北平底层生活的作家，太熟悉祥子这类苦力了，可以说，他听到关于人力车夫的故事伊始，一个鲜活的形象已在他脑海里活跃起来。他要做的，只是把这个人物塑造出来和安排故事情节。他后来写的《我怎样写〈骆驼祥子〉》一文，有更详细的介绍。

祥子来自农村，当了车夫后，就想凭着自己的年轻力壮，又能吃苦耐劳，不惜一身力气，立志买一辆自己的车，做独立的拉车人，省得受车夫老板的盘剥。他死命地拉车赚钱，三年里用血汗赚了一辆洋车。但好景不长，新车被军阀的乱兵抢走，接着不断经历磨难，但他挣扎着，执拗地想再下大力气来实现梦寐以求当独立劳动者的愿望。他与虎妞成亲后，好不容易用她的积蓄置办了洋车，又不得不为办理虎妞的丧事卖掉。他这买车的愿望，"像个鬼影，永远也抓不牢，而空受那些辛苦与委屈"。在又经历了几次挫折后，特别是他喜爱的小福子自杀，让他最后的一朵希望的火花也熄灭了，于是一直好强、正直、善良的祥子也堕落了。

《骆驼祥子》以清醒严谨的现实主义艺术手法揭露了旧社会把人变成鬼的罪行，老舍怀着对被侮辱、被损害者的无限同情，创作了这篇具有控诉力量和强烈批判精神的悲剧，唱出一曲美丽灵魂被无情毁灭的悲歌。祥子和鲁迅的阿Q、巴金的觉新等文学形象，都是中国现代文学史上光辉耀眼、给人留下深刻印象的人物形象。甚至有文学史家，称之为"光彩夺目的典型"，有溢美味道。

《骆驼祥子》，反映了老舍当时的思想高度和精神境界。新文学运动以来，胡适、鲁迅、郁达夫、闻一多等作家，都写过人力车夫。比较而言，老舍笔下的祥子，超越了他们。因为，对车夫的生活，老舍了解最深。他在《我怎样学习语言》一文中说："我能描写大杂院，因为我住过大杂院；

我能描写洋车夫，因为我有许多朋友是以拉车为生的。"又在《写与读》中说："读了人力车夫的生活，我才能写出《骆驼祥子》。"熟悉洋车夫，对他们的生活体察入微，对这些人物内心世界也有深刻的理解和把握，笔下的祥子们才能写得活灵活现，而胡适、鲁迅等与车夫只是短时相遇、接触，并不了解他们的经历和灵魂，有的只是一种同情和悲悯。鲁迅《一件小事》中对车夫的歌颂，不过是为给清醒的自剖做陪衬。

关于《骆驼祥子》的结尾，值得一提。最早的《骆驼祥子》版本，在结尾时，作者指出祥子是"个人主义的末路鬼"。但是到了 1949 年后再版时，作者删去了原来的结尾。这句话也被删去，耐人寻味。

是年 3 月初，江南春早，老舍和曹禺启程赴美前，美国驻华大使馆在上海为他们举行了盛大的饯行酒会。除学者费正清等出席外，沪上各界名流如白杨等明星也到会表演助兴，酒会气氛热闹。据鲁海写的《老舍的美国之行》一文介绍，见友人真情相送，老舍很动情，放下酒杯，站起来，为大家即兴表演了他擅长的老生清唱，声情并茂，博得大家热烈掌声。

3

太平洋浩瀚而苍茫，天空蔚蓝而明丽。

3 月 4 日，老舍、曹禺登上了美国"史各脱将军"号邮轮，在众友人的依依送别中离开上海。经历了八年战乱，颠沛流离，热爱生活的老舍，在和煦的春风中凭栏远眺，背后是满目疮痍的祖国，老舍的心情应是很复杂的。

那个古老贫弱又经历了战争创伤苦难的祖国，老舍生于斯长于斯，祖国文化基因已渗透到他的骨子里、灵魂里，他是深爱着自己祖国的，他的短暂的离别，是为了休整和储备，如同骆驼要吃草，是为了肩负更沉重的使命。让他期待的是，他要用这一年在美国访问讲学之闲余，完成自己规模宏大，后来成为世纪经典的长篇小说《四世同堂》。"史各脱将军"号，要在海上航行十七天才能到达美国。旅程漫长，空间局促，老舍因有曹禺相伴并不寂寞。

算起来，老舍与曹禺相识很早，还是师生关系，曹禺早年在天津南开中学读书时，老舍也在那里任教。很巧的是，两个人都属狗，老舍大曹禺一个年轮，又算是忘年之交了。抗战时，二人都在重庆，也都创作戏剧。二人常常相互切磋。老舍很欣赏曹禺的戏剧天赋，曾说："写戏，那得看曹禺。"这里并无恭维之意。早在曹禺在清华大学读书的 1933 年，二十三岁的曹禺就写出话剧《雷雨》，巴金读后，兴奋异常，拿到当时著名的《文学季刊》（1934 年 7 月）发表。曹禺因此一举成名并奠定了他在中国戏剧史上的地位。

老舍应该感谢曹禺，他把自己写的《秦氏三兄弟》改成《茶馆》，也成为戏剧经典，这里有曹禺的智慧。二人友谊相伴一生。老舍悲愤投湖之后十二年，曹禺作《怀念老舍先生》一文，惜念之情，溢于言表。他称老舍"是一位有很深的正义感的人，疾恶如仇"，"是一位非常勤奋，从未停笔的作家，他的这种精神，是值得我们永远学习的"。

两位文学大师，有机会倾心交流艺术，"缀文者情动而辞发，观文者披文以入情"，自然是一幸事。所谓文学交流，谈到紧要处无非是彼此坦露胸襟和灵魂而已。

半个多月漫长航行之后，他们终于看到远方海平线有一片灿烂的灯火，那是美国的西雅图。

登上码头，在美国国务院和中国驻美大使馆相关人员陪伴下，老舍和曹禺坐着小汽车，驶入灯红酒绿、车水马龙的现代大城市。他们兴奋又茫然。

登上北美大陆，开始了快节奏的活动，他们二人被主人安排，沿着极具异国情调的西海岸，经芝加哥抵首都华盛顿，向美国国务院报到后，确定讲学和访问日程，再到纽约。这一路上，主人安排颇为丰富，由老舍、曹禺作文化报告，观摩美国戏剧，参观游览，忙得不亦乐乎。特别是在旅行沿途，他们看到了都市的高楼大厦，看到了广阔平原上的机械化作业，看到了农庄、牧场。眼前这个高度现代化、繁华而又强大的国度，让他们感到祖国太贫弱、太落后，心里便生出几分失落和酸楚。

4

美国的社会文明，美国人民对中国的友好态度，在支持中国人民的抗日战争中，已给老舍和曹禺留下了深刻的印象。此次访问美国，又亲身感受到中美在反法西斯斗争中结成的友谊的热度。当然，老舍又对美国了解认识现代中国文化之浅薄，感到吃惊和失望。这让他在演讲中自觉尽量向美国人民介绍在世界反法西斯斗争中起到重要作用的现代中国及其历史悠久、灿烂的文化艺术。

《骆驼祥子》被译成《黄包车夫》，在美国畅销，引起美国文化界的普遍关注，但他们对老舍知之甚少。让老舍感到尴尬的是，每次来听他演讲的美国听众，虽然场场爆满，但其中不少人对中国文学并不热衷，他们来到会场，只是想看看这位能写出在美国畅销的书的中国作家是什么模样。那时，老舍在美国的影响，远不如胡适。抗战伊始，胡适作为中国驻美大使，因到处发表揭露日本侵华罪行的演说，赢得了美国各界对中国抗战的支持，深受美国人民敬重。在这之前，他在美国哥伦比亚大学求学，师从美国学者杜威，成为中国获得国外博士学位的第一人，后以发表在《新青年》杂志的《文学改良刍议》一文，拉开了中国新文学的大幕，其声名早在美国远播。但作为小说家，老舍以《骆驼祥子》在美国享有声誉。中国剧作家曹禺到美，带给美国与百老汇不同的剧作，给美国带来一股中国文学的热潮。在这之前，1936年携全家赴美的林语堂，后接连被授予美国纽约爱米拉学院荣誉博士学位、新泽西州洛特格斯大学荣誉博士学位和威斯康辛州贝洛爱特学院荣誉人文学博士学位，后又担任联合国科教文组织艺文组主任。林语堂于1935年在美国出版的《吾国与吾民》一书，被视为关于中国人与中国文化的经典著作，在当时极为畅销，在美国畅销书排行榜久居不下，远比后来老舍的《骆驼祥子》的影响要大。胡适、林语堂、老舍、曹禺以及旅美的中国文化学者牛满江、陈壤等人，给美国带去中国的文化和艺术，影响深远。

在异乡美国，老舍、曹禺还与老校长张伯苓不期而遇，让他们惊喜不已。张伯苓于1904年赴日本考察教育，成立"敬业中学堂"，后改名"私立第一中学"，1908年又改为天津"南开中学"。1917年到美国哥伦比亚大学师范班学习，实地考察美国私立大学办学精神和组织管理方法，归国后创办了南开大学。1923年，又创办南开女中、南开小学，形成一个系列完整的学府。七七事变后，他将南开大学南迁，在昆明与北京大学、清华大学共同组成"西南联合大学"。1944年10月，重庆的南开中学举行庆祝建校四十周年和张伯苓七十寿辰"双庆"活动。各界友人、中共的周恩来与国民党中央常委张厉生等南开中学校友，都来祝贺。由周恩来提议，他与张厉生用一乘滑竿，抬起老校长，围绕校园花圃转了一圈。周恩来与张厉生已年近半百，又都是政界重要人物。仍抬滑竿为老寿星贺寿，见者无不动容，也给中国教育史留下了一段佳话。第二天，南开的壁报就登出一首顺口溜：

国共两部长，合作抬校长。

师生情谊重，佳话山城扬。

这次是张伯苓来美治病。治病期间，老人收获了二喜：一是美国哥伦

比亚大学特授予他该校的毕业生名誉博士学位；二是在美国的南开校友，
都纷纷从美国各地集中到纽约的华美协进社，为老校长补办七十大寿祝寿
活动。

老舍、曹禺参加了为老校长举行的祝寿大会。酒会上，事业、学术有
成的各界南开校友，欢聚一堂，深情款款地为老校长祝寿的场景，让一直
敬仰老校长教育事业成就卓著、文化人格高尚的老舍和曹禺激动不已。老
舍与曹禺商量后，赋诗一首，作为贺礼，并在会上朗诵。诗写得较长，下
面从《张伯苓图传》中，摘录一部分：

知道有中国的，

便知道有个南开。

这不是吹，也不是嚷。

真的，天下谁不知，

南开有个张校长。

…… ……

在天津，他把臭水坑子，

变成天下闻名的学堂。

他不慌，也不忙。

骑驴看小说，走着瞧吧！

不久，他把八里台的荒凉一片

也变成学府，带着绿荫与荷塘。

…… ……

张校长！

今天，我们祝贺您健康，

祝您快乐！

在您的健康快乐中，

我们好追随着，

建设起和平和幸福的新中国。

该诗的署名是"学生曹禺，后学老舍"。对中国的教育事业做出过重大贡献的老人，受到弟子的爱戴和敬重，并被载入教史册，是名副其实的，虽然后来在国民党政府里做过"考试院长"，那是时代造成的，况且在1949年之后，已到垂暮之年的张伯苓对此已有悔恨表示："一脚踩在臭水沟里。"我们何必苛求！

5

到美国后的大半年里，老舍走遍了大半个美国，后来又到了加拿大的维多利亚岛、魁北克。一路讲学游历，紧张却愉悦。但是虽是官费访美，旅费是定额的，路上的消费要从中支出。到了1947年下半年，美元贬值，物价上涨，老舍已感到囊中羞涩，不得不量入为出了。让老舍更为难受的是，曹禺的文化之旅到期，此时国内烽烟四起。先是东北爆发大规模军事冲突，国共在四平开展激烈的争夺战；1946年6月内战爆发，中原的共产党军队突出重围，进入苏皖解放区，同华东新四军会合；9月，内战大火蔓延全国。国民党施行法西斯专政，老舍、曹禺的朋友李公朴、闻一多被暗杀，国内血雨腥风，加上思念故乡，曹禺决定回国。

曹禺归国，老舍则结束漂泊生活，在纽约定居，住进八十三西街一一八号的两间公寓。老舍开始了在美两年半的写作翻译生涯。他创作了两部长篇小说和一部话剧剧本，同时组织有关方面积极翻译抗战时期的中国文学作品。

这两年，老舍不断从各方面获得国内消息，祖国正是国共决战时期，双方在东北、华北等广阔战线上，展开大规模厮杀，但在美国，这里一片歌舞升平，作为民主主义者、自由主义作家，不可能深刻认识国内战争的意义。他觉得一位受邀到美进行文化之旅的作家，是在美传播中国文化，增进中美两国人民的彼此了解和友谊，这是一个爱国书生责无旁贷的职责。作家的事业理所当然的是创作，用好作品传达世间的真、善、美，抨击社会上的假、恶、丑。把在美时期的老舍说成是"亲共"、思想"革命"的作家，或将之视为"反共"、思想"反动"的作家，似都无根据。

有一件事，偏偏让在美的老舍意外地陷入了一场政治是非的泥潭，是他始料不及的。

老舍曾应邀参加了国际原子能机构的一次会议，是作为列席代表参会的。会上，有人问老舍，当时苏联尚未拥有核武器，你认为是否应当也让他们掌握制造原子弹的秘密？

老舍知道，美国在日本扔下两枚原子弹，无疑是最后迫使日本无条件投降的重要的手段，但造成日本人民极大的伤亡，是人所共知的。随着核技术的发展，核战争将毁灭世界，是人类生存的极大威胁，似是常识。为了不造成人类灭绝的悲剧，掌握核武器的国家越少越好。因此，出于理性，他予以了否定的回答。

经美报的宣传，老舍这一书生之见的非正式发言，传到了中国，竟一时令国内舆论大哗，甚至掀起一场政治风波。有批判的，有赞誉的，有愤怒的，有惊喜的，旧中国新闻自由，不同政治背景的报纸，都会各取所需地以完全不同的立场和观点利用新闻。对此老舍是深谙其道的，他不感到奇怪，但令他没有想到的是，文协的一些老朋友竟然也搬弄是非，起劲地攻击自己。

善良的老舍感到十分震惊。曾在挽救民族危亡的抗战中，齐心协力、甘洒热血共赴国难，经历了血与火洗礼的文化人，怎么突然对朋友兵戈相向？清者自清，老舍不想为自己辩解。但他主动给文协正直的朋友叶圣陶和郑振铎写了一封信，表示辞去文协理事职务，同时退还了抗战期间在重庆做手术时文协给他的赞助费。此举，莫要视为老舍从此要与文协分道扬镳，老舍从不是小肚鸡肠的蝇营狗苟之辈。他这样做，只是一种态度，一个有尊严文人对人格委顿、世味已薄的态度。

这之后，他在美见到史沫特莱时，向她介绍了文协经费一直捉襟见肘的窘境，请求她帮助文协筹集些资金，以解燃眉之急。史沫特莱共募集了一千四百美元，按老舍的要求，汇给了大洋彼岸的文协。有了这笔当时可视为巨款的经费，文协自是欣喜若狂。后老舍从美国回到解放后的北京，用五百美元的稿费，在丰盛胡同十号（今丰富胡同十九号）购置了那座有名的"丹柿"小院。

老舍为已脱离的文协募集经费，这也是一种态度，一个有宽阔胸怀的爱国知识分子对价值取向的态度。他为人、为事、为文，一生都在努力沟通着人世间疏离的情感，智圆德方始终是他为人的本色。

6

在纽约州的萨拉托加斯普林，有个林木葱茏、池塘清澈、风光秀丽、空气清香的庄园，后由继承人将之作为公益事业，为文学艺术家营造并提供一处可以安心从事创作，名为"雅斗"的地方。老舍搬到了那里，与英国作家拉罗夫·贝兹，日本女作家石垣绫子夫妇，还有史沫特莱女士为邻，各自住在散落在园林中的小木屋里。他们经常在茂密的弥漫着松叶清香的松林里散步，在春波荡漾的池塘畔看落日，大部分时间，他们都闭门创作。西服革履、打着领带、文质彬彬的四十一岁的老舍，给大家展现了中国文人特有的风雅气度。特别是每天的清晨，在熹微的朝阳里，老舍总要打一套太极拳或昆仑六合拳的内家拳。老舍一生不间断地习武，强身健体，成了他生命的一部分，笔者在《民国清流 3：大师们的中兴时代》一书里，有详细介绍。在雅斗，老舍出神入化、飘逸又灵动的习武之姿，让作家们为之倾倒，击掌叫绝，这成了雅斗一景。

在雅斗的小木屋里，老舍创作了《四世同堂》的第三卷《饥荒》。

《四世同堂》共分三个部分：《惶惑》《偷生》和《饥荒》。其主旨是要表现刚结束的那场伟大的抗日战争期间沦陷区人民的苦难经历，以及他们在苟安的幻想破灭之后，逐渐觉醒，终于意识到只有坚持全民抗战，才能打败日寇，才有出路的过程。最后，他们以坚贞不屈和艰苦奋斗的民族精神，在付出惨重代价之后，最终赢得了胜利。

老舍放弃了出于战争需要的标语口号式的各种文体写作，重新回到自己最熟悉和拿手的幽默讽刺艺术。全书以老北平一条小胡同为舞台，让三教九流、各色人等的十七八户一百三十多人，粉墨登场。而笔墨浓重地写了四世同堂的祁老人一家。写得最出彩的是大杂院里那群地位卑微的个体劳动者。《四世同堂》既无情地揭露了日寇残暴的血腥统治，又表现了爱国知识分子的善良、懦弱和苦闷，特别是写出了普通底层市民的坚强不屈的意志。小说在讴歌富有民族气节的人物的同时，对一些民族败类，对认贼作父、为虎作伥、欺压百姓的汉奸走狗的丑恶行径，给予了辛辣的嘲讽。

《四世同堂》结构宏大，却极为匀称。人物众多，各个都栩栩如生。特别是操地道的北平话的对话，尤其传神。许多北平的风土人情和胡同巷陌的生活场景，都描绘得鲜明生动，出神入化。小说生动地描画出沦陷时期故都人民的苦难生存状态。

老舍是怀着饱满的爱国热情创作《四世同堂》的，诚如他在《〈四世同堂〉序》中所说：

设计此书时，颇有雄心。可是执行起来，精神上、物质上、身体上，都有痛苦，我不敢保险能把它写完。

可以说，这是老舍花费精力最大，写作时间最长，他自己也最满意的作品。

抗战期间，老舍在重庆北碚，共写了六十多段，大约六十万字，相当完成了原计划一百万字的三分之二。也就是说，只完成了三部曲的《惶惑》和《偷生》。《饥荒》就是在美完成的。

老舍夫人胡絜青在《破镜重圆——忆〈四世同堂〉结尾的丢失和英文缩写本的复译》一文中，写了老舍从美国归国，带回《饥荒》手稿的情景：

《饥荒》手稿并非写在稿纸上，而是写在大十六开的厚厚的美国笔记中，有硬的黑纸面，字是钢笔写的，很规整，本数很多，摞起来足有十几公分高……可惜，这批手稿全部毁于十年内乱，后十三段就包括其中。

"内乱"不仅"毁"了《饥荒》，更吞噬了"人民艺术家"老舍的生命，为了人的尊严，他选择投太平湖自杀。一个默默的耕耘者，比起建功立业的斗士，或缺乏意志和斗志，然而老舍的那一跳，却是决绝地对"内乱"和命运的抗争。

似上苍尚眷顾老舍。三十年后，《饥荒》竟然真的有了一个"破镜重圆"的喜剧结局。

2013 年，上海译文出版社副社长赵武平，在美国哈佛大学的施莱辛格图书馆，竟然发现了浦爱德（Ida Pruitt）女士翻译《四世同堂》的原稿。比 1982 年马小弥译出的《饥荒》多出三段，还有更加充沛完整的情节。赵武平在认真研读了老舍的著作，体会了老舍的语言风格之后，又将《饥荒》遗失的原稿回译成中文，在 2017 年 1 月出版的《收获》杂志上发表，再由"活学文化"公司出版全本。诚如《收获》主编程永新所说："赵武平先生做了件功德无量的事。"

读者终于可以见到这部堪称经典的巨著的全貌了，至此，《四世同堂》载着老舍先生对北京的遥远的乡愁，魂归故里。

在美期间，老舍还创作了另一部长篇小说《鼓书艺人》。该长篇是在解放战争隆隆的炮声中完成的。老舍以此书反映祖国正在发生剧烈的社会变革，并以此书表现了他自己的思想也在发生深刻的变化。

《鼓书艺人》写的是抗战期间，流落到陪都重庆的一群北平演唱大鼓的艺人所经历的悲欢离合的故事。表现他们在社会底层被压迫、受欺凌的苦难中，奋起反抗，走向新生，昭示社会革命的必然性。书中写了三个青年妇女受到别人的欺骗和糟蹋，也有些人自甘堕落，沉沦潦倒。但更多地表现了他们的觉悟和反抗。方宝庆不仅对艺术持严肃态度，还对生活有美好的追求。在其影响下，养女秀莲产生对独立生活的渴望。他们父女还努力改革旧艺术，以适应抗日宣传的需要。特别需要指出的是，小说还力求表现这群艺人寻求自己解放和艺术的解放。

掌握自己命运，改变自己命运的历史主动性，这是老舍以前的小说中极为少见的高昂乐观的基调。小说还精心安排了一位革命作家孟良，在他的影响下，方家父女有了觉醒和进步。这是老舍有意地让读者看到一缕新时代的阳光，已穿透布满旧世界的阴霾，露出灿然的光辉。

当然，这是一位进步作家笔下的革命作家孟良和一群觉醒的艺人。用老舍写的小说结束语表述，便是"长江后浪推前浪，一代新人换旧人"。这证明祖国正在发生的巨大社会变革，对老舍已产生影响。但同时，从小说里，我们也读到老舍在十分陌生的新的社会变革到来之时的惶惑、矛盾和不安。1948 年 11 月 19 日，老舍致信艾默森，信中说：

> 十分抱歉，我要放弃《鼓书艺人》的全部工作了，写完了十二章以后（约占全书的一半），我发现他既不像我想象的那么好，也不像我想象的那么有意思。我想我还是别写了。我的身体疲乏极了，要彻底休息一下。

面对正在中国发生的剧烈的社会变革，自由主义进步作家老舍，感到欣喜和期待是很自然的，但如何表现这一社会变革，老舍是力不从心的。因为他自己对这变革尚缺乏认识，自己的思想也并未发生深刻的变化。因此，《鼓书艺人》不可能表现出历史转折的深刻意义，小说中的明丽之色，是作者按自己的认识涂抹出来的。表现艺人的苦难和挣扎，老舍游刃有余；而表现他们的觉醒、斗争，则显得苍白乏力。故，有的评家认为在《鼓书艺人》中，"显示出老舍笔下的人物所少有的那种掌握命运，改变革命的历史主动性"，并说"以此表现了他自己正在经历的深刻的思想变化"云云，毫无根据，是很拙劣的溢美之词，是在拔高老舍，拔高《鼓书艺人》。也与老舍致艾默森信中的表达，以及他本人一直不愿意拿到国内发表，甚至连该书的手稿都没有带回国的事实相抵牾。

我们见到的《鼓书艺人》，是 1980 年，老舍逝世十五年后，其老朋友，复旦大学马宗融教授之女马小弥根据 1952 年在美出版的英文版翻译出版的。因为《鼓书艺人》之原稿老舍未带回国，至今也不知所终，无法评价英译与原稿在艺术上的差距。《老舍评传》认为《鼓书艺人》与原作之间在艺术上的差距是相当大的，似站不住脚，既然连原稿已不知下落，那么又如何与英译后再译中的文本相比较？没有比较，又怎能轻易地下结论。

举凡由文学到人，拔高最易导致思想知识类型上的急功近利或简单片面化，也会导致以政治标准或某类"功用"取舍去代替文学本身的价值衡量，到头来，会把文学或作家的真面貌弄得面目全非，这样的教训，文学史上实在太多了。

"挥鞭依旧笑嘻嘻"，周作人哀怨刻骨的狱中生活

1945年12月6日，一队军警包围了八道湾十一号周宅。

冲进周宅大院的军警，将枪口对准消瘦脸上有着毛刷式胡子的院主人周作人时，他那两片紧咬的嘴唇嗫嚅着："我是读书人，用不着这个样子。"

经过一番搜查之后，周作人就被军警押走了，迈出大门时，院里传出他的妻子信子撕心裂肺的惨叫……

原本，国民政府军事委员会北平行营主任李宗仁，命军统局局长戴笠，以伪华北财务总署督办汪时璟的名义，设宴诱捕伪临时政府众重要官员。偏偏周作人因小孙女美知患"一种流行感冒"（见周作人12月5日日记），未能出席宴会，故派军警进宅缉拿。

后来周作人说，入宅逮捕他的军警，在查抄其家时，顺手偷走了一块刻有"圣清宗室盛昱"六字的田黄石印章，还有一块Movado牌手表。

12月9日，华北大汉奸王克敏被捕，后在狱中自杀。

周作人被捕后，关进了北平炮局胡同的陆军监狱。八道湾十一号大门从此紧紧关闭，"苦雨斋"在严寒的冬季凄凉地落幕了……

1

关于北平炮局胡同陆军监狱，周作人在《知堂回想录·一八二·监狱生活》一文中，这样写道：

在北京的炮局是归中统的特务管理的，诸事要严格一点，各人编一个号码，晚上要分房按号点呼，年过六十的云予优待，聚居东西大监，特许用火炉取暖，但煤需自己购备，吃饭六人一桌，本来有菜两钵，亦特予倍给……

有关资料说，监狱规定每月可探监一次，送钱一回。比起每次送中储券二十万元的阔主，已败落的周作人家，每月仅能送来区区五千元，为同监之最少者。当时北平用的中储券，每百元合华北联合券十八元。周作人作为伪国府委员时，每月只拿二千中储券，他曾与过去的学生、现在的同僚沈启无诉说待遇太低。南京开会时，他向大汉奸陈公博反映，后经伪华北委员会委员长王克敏同意，特派周作人为华北政委会委员，所领由三百六十元华北联合券，涨到二千元。

关于沈启无，似须多说几句。沈原是周作人在北京大学授课时的学生。在《周作人书信》中，俞平伯、废名及沈启无皆为主要收信人。在沈启无编《近代散文钞》时，周作人还为之写序，关系当属密切。日本人占领北平后，沈启无更是不离周作人左右，周作人下水出任北平伪督办，后又被黜，再重任伪国府委员及华北政委会委员，都与沈启无出大力有关。抑或说，在甘心当汉奸这条泥泞路上，师生二人是狼狈为奸的。自古文人大凡当了官僚，多被彻底官僚化，特别是当了汉奸、异族侵略者的奴才，彻底"堕入深渊"之后，其灵魂就再难干净。沈启无费了大劲儿把老师扶上了"周督办"和华北政委会委员之后，老师却仅以北京大学文学院国文系主任兼北大图书馆主任回报，并未让他登上心仪已久的教署秘书长或北大文学院院长的位置，心里便生出不满。

后来，沈启无想当《艺文杂志》与《文学集刊》两个刊物的主编，与也想把持这两个期刊的人发生矛盾冲突，于是又向老师周作人求援，只要他表个态，对手即可知趣而退，但老师非但没有助他一臂之力，却着实批评教训了他一顿。翻阅周作人日记，对此事有这样的记述：

启无来，至十时才去，哓哓论刊物事……虚浮之事无益徒有损，惨言之亦不能了解也。

这回，沈启无对周作人不仅不满，而且心怀怨怼，化名"童驼"，著文说"《艺文杂志》代表老作家，《文学集刊》代表青年作家"，搬弄是非，挑拨离间。

1943 年 4 月，已不是在职的教育督办的周作人应汪精卫之邀，以文人清客的身份，在长子丰一及弟子沈启无的陪同下，做了一次"江南之行"。到南京座谈、讲演之余，还到苏州游览，兴致不错，遂分别赋诗四首：

一

多谢石家豆腐羹，得尝南味慰离情。
吾乡亦有妪家菜，禹庙开时归未成。

二

我是山中老比丘，偶来城市作勾留。
忽闻一声劈破玉，浸对明灯搔白头。

三

生小东南学放牛，水边林下任嬉游。
廿年关在书房里，欲看山光不自由。

四

河水阴寒酒味酸，乡居况味不胜言。

开门偶共邻翁话，窥见庵中黑一团。

已当汉奸的周作人，一直混迹官场，仰日本人鼻息，失却独立人格，苟活而已，哪里还有诗情。

此次稍有闲情，触景生情，乘兴信口咏出几首小诗，却也较真实地吐露出自己尴尬的人生况味。身陷泥潭，行动不得自由，思想失去自主，附逆的精神阴影无时无刻不盘踞心头，使其备受煎熬。他将三、四两首诗，书赠给当地的两个汉奸警察署长，其举意味深长。

周作人在南京期间，到中央大学讲演两次，一为《学问之用》，一为《人的文学之根源》，后改为《中国文坛上的两种感想》发表。到南方大学讲《整个的中国文学》，其多次演讲及著文都是宣传他的"儒家文化中心论"的。老实说，周作人岂能不知道"儒家文化中心论"与日本鼓吹的日本大和文化为中心的论调是相抵牾的，他执意要宣传"儒家文化中心论"，这是需要勇气的，不忘祖宗的文化道统，让我们看到作为中国文人的周作人精神的另一面。

果然，周作人大讲"儒家文化中心论"，遭到日本军方和日本反动作家片冈铁兵等人的攻讦。1943 年 8 月，周作人并未参加的在东京召开的第二届东亚文学者代表大会上，片冈铁兵发表了题为"中国文学之确立"的演说，指出"余在此指出之敌人……即目前正在和平地区内蠢动之反动的文坛老作家"，"以有力的文学家资格站立于中国文坛"，"以极度消极的反动思想之表现与动作"，破坏"建设大东亚之理想"。

周作人是后来从胡兰成发表在《中国周报》上的《周作人与路易士》一文中，发现片冈铁兵在第二届东亚文学者代表大会上对自己的攻击言论的。

周作人"绍兴师爷"的老辣手段被激活了，他轻而易举地收拾了向日本提供自己演讲资料的内奸沈启无，在报上发表公开声明，将沈启无逐出教门，说："沈扬即沈启无，系鄙人旧日受业弟子，相从有年，近来言动不逊，肆行攻击。应声明破门，断绝一切公私关系。"断然破门，逐出弟子沈启无，让人自然想起周作人当年"谢本师"一幕。

除掉内奸之后，周作人并不直接与片冈铁兵交锋，而是修书一封，直接给他的上司日本文学报国会的事务局长久米正雄，要求攻击"反动的文坛老作家"者片冈铁兵"以男子汉的态度率直的答复"。接着说："如若所谓反动派老作家确实是鄙人，则鄙人当洁身引退，不再参加中国之文学协会，对于贵会之交际亦当表示谨慎。"

周作人，原本一介书生，虽参伪政为期不长，但审时度势的能力并不差，他见到战争中日本人由攻势转入守势，已成强弩之末，为稳定局面，日本人尤其需要他这种人，故以辞官相威胁。为把事弄大，他将致久米正雄的信，同时发表在《中华日报》上，果然轰动一时，震动了日伪政权。不久，《新中国》报发表了社论《所望于批评者》：

> 周先生在中国文坛素负重望，其言行笃实，尤为人所敬重。对于中日文化沟通工作，亦曾尽极大贡献。今若因此误会而萌生消极引退之念，不仅为中国文坛之一大损失，且亦势必影响中日文化沟通工作之前途……亲善合作的实现，必以互相尊重的精神为基础……

社论支持周作人之反击，其也妙在话中有话，表达了对日本侵略者的微词。兔死狐悲，也附逆的陶晶孙，在《新申报》上，发表《关于大东亚文学者》，要求"失言者把他的失言及早取消"，以声援周作人。在一片声援周作人声讨片冈铁兵的声浪中，日本舆论也公共表态，日文《大陆新报》

于 4 月 19 日发表《文化直言》，也批评片冈铁兵"过激言论"，"至为不负责任"，指出其"仅一知半解之徒的浅薄行为"，"深感遗憾"。

各种对周作人的声援，对片冈铁兵的声讨，舆论重压，不能不引起日本军方的重视，在其默许和日本文学报国会的压力下，片冈铁兵不得不写长信，承认自己有"偏激之词"，并向周作人"深表歉意"。日本名作家武者小路实笃等，也批评片冈铁兵"失言"，并表示愿与"东亚文坛之权威"周作文"合作"。

对此，周作人的抗争最终取得了"好结果"。

2

1946 年 5 月 26 日，在炮局胡同陆军监狱关了半年的周作人等，被带上飞机，押解到南京受审。

在这之前一个多月，汪伪"第一夫人"，伪中央监察委员，大汉奸陈璧君接受公审。

陈璧君于 1912 年与汪精卫结婚后，一直追随汪进行政治活动。并曾助汪投敌，成为汉奸之魁首。陈于 1945 年 8 月 22 日，被军统于广州拘捕，与汉奸褚民谊等押往南京囚禁。公审时，法庭以五项罪状，宣判处以其无期徒刑，终身监禁，在苏州看守所执行。

周作人等十四人押往南京前，《申报》这样报道：

> 巨奸王荫泰等十四人，昨由平解京审理，古城观者如堵，呼骂声不绝……群奸今晨五时被检查血压时，方知解京受审，乃慌忙写下"遗书"，招致家人，语多劝家人勿忧，而有恋恋不舍之意……周作人光着头，衣着最为陈旧……上车前记者逐一问感想……周作人说："我始终等待被捕，无感想。"周瘦得多了，态度仍很"冷淡"……上机前

逐一衡量体重……书生周作人最轻，五十二公斤。每人许携物十五公斤，大多为衣被书籍及针线，周携其自著《谈龙集》……

钱理群之《周作人传》中，还有这样一段文字：

据说他在飞机上曾将旧作一首抄示于人（也许是应对方之请吧），这是 1942 年所作："年年乞巧徒成拙，乌鹊填桥事大难。犹是世尊悲悯意，不如布井闹盂兰。"这算不算他对自己在日伪时期的种种作为的一个历史的反思、总结呢？可能也是入狱这一段时间他思考得最多的问题吧？还有说他在押解途中还写有诗两首，其一曰："羼提未足檀施薄，日暮途穷究可哀。誓愿不随形寿尽，但凭一苇渡江来。"其二曰："东望浙江白日斜，故园虽好已无家。贪痴灭尽余嗔在，卖却黄牛入若耶。"既自叹"日暮途穷"，又感慨"故园虽好已无家"，这凄凉、惆怅自是周作人的，但却联想起千年多前"一苇渡江"的达摩，是不是也决心"面壁十年"呢？那么，周作人仍然是于消极中有积极的。

《庄子·秋水》有："庄子与惠王游于濠梁之上。庄子曰：'鯈鱼出游从容，是鱼之乐也。'惠王曰：'子非鱼，安知鱼之乐？'庄子曰：'子非我，安知我不知鱼之乐？'"

周作人总是将自己的灵魂紧紧地包裹住，我们很难透彻地了解他，比如他在《两个鬼的文章》中，宣布自己与陈独秀、钱玄同诸人，是同一"方向"的，而就在他当了伪督办，做了政客以后，他又是怎样积极鼓吹，要以"儒家人本主义"为"大东亚主义"的"中心思想"，以"抵抗共产主义"来着。他心中一直有"两个鬼"争斗纠缠，一直在"学者文人"与"政治官僚"间角色转换，谁也猜不透他到底想些什么，要干些什么。

押到南京之后，南京高等法院即对周作人提出起诉，其列举罪证如下：

> 其任伪职期间，聘用日人为教授，遵照其政府侵略计划实施奴化教育，推行伪令，编修伪教科书，作利敌之文化政策，成立青少年团，以学生为组织训练对象，泯灭青年拥护中央抗敌国策，启发其亲日思想，造成敌伪基要干部。又如助敌人调查研究华北资源，便利其开掘矿产，搜集物资，以供其军需。又如促进沟通中日文化及发行有利敌伪宣传报纸，前者为文字宣传达其与敌伪亲善之目的，遂行近卫三原则之计划，后者希图淆惑之心，沮丧士气，削弱同盟国家作战力量……

周作人被允许写"自白书"，对起诉书做出下列辩护：

> 初拟卖文为生，嗣因环境恶劣，于二十八年一月一日在家遇刺，幸未致命，从此大受威胁……以汤尔和再三怂恿，始出任北京大学教授兼该伪校文学院院长，以为学校可伪，学生不伪，政府虽伪，教育不可使伪，参加伪组织之动机完全在于维持教育，抵抗奴化……

读者读周作人之自我辩护，会发现，面对政府的指控，深谙"绍兴师爷"真传的周作人，实际上在巧妙地做无罪辩护。对自己的附逆罪行，完全不认账。

3

1946 年 7 月 19 日，南京高等法院对周作人附逆案，进行了第一次公开审理，审理详情不得而知，但第二天的《申报》上，刊发了中央社的相关报道，可窥见公审的大概情形。标题为"京高院公审周逆作人供词支吾无确证"，该文曰：

> 周逆作人十九日晨十时，在首都高院受审，历时两旬钟，以证据尚在调查，庭谕定八月九日再审。周逆昔日小有文名，今日旁听席上，特多男女青年。审讯前段，被告答复从逆前之经历，颇以二十年北大文科教授之任自傲。述其附逆动机，狡称，旨在"维持教育，抵抗奴化"。庭长当斥以身为人师，岂可失节。周逆答辩谓："头二等的教育家都走了，像我这样三四等的人，不出来勉为其难，不致让五六等的坏人，愈弄愈糟。"并称，二十六年，留平不去，系因年迈，奉北大校长蒋梦麟之嘱为"留平四教授"之一，照料北大者，惟对其（一九）三八年之任华北政务委员会常委兼教育总署督办，以及东亚文化协议会会长，华北综合研究所副理事长，伪新民会委员，伪华北新报社理事等职，则期期艾艾，对答之间颇感尴尬，但仍东拉西扯，以二十八年元旦之被刺，"中国中心思想问题"论战，以及胜利后朱校长家骅之华北观感等，作为渠有利抗战之证据，庭上当谕以证据颇确凿有力，当谕以为便收集，特宽限三星期再行公审，周逆乃于汗流浃背下狼狈还押。

公审周作人，惩治汉奸，天经地义，但由于他在中国现代思想文化史上的特殊地位和特殊影响，这引起了社会广泛关注。一方面从理智上能够识其叛国本质而无情批判他，一方面在感情上又生出同情和痛惜。

的确，周作人背叛民族，当了令人不齿的汉奸，查之有据，已被坐实，罪不可赦，遭到谴责批判，罪有应得。但是"他确在新文学上尽过很大力量"，没有周作人的新文学史，就有些黯然。

茅盾先生在周作人被公审后不久，有《周作人的"知惭愧"》一文，发表在《萌芽》一卷三期上。文章说：

> 周作人一向是个人主义者，他解释中国历史是唐以后便走上了衰
> 败的路，他看不起也不相信新生的力量，因此，在他心中和"优秀有
> 为"的日本民族"亲善"而"筑立东亚的新秩序"不是什么可以"惭愧"
> 的事情。他所引为"惭愧"的，恐怕倒是今天他顶着汉奸帽子，对簿
> 公堂而又怕死，不得不违反"本心"胡说一顿：做汉奸其实也是"曲
> 线救国"云云。

周作人真正把灵魂卖给魔鬼，事例颇多，笔者在《民国清流 4：大师
们的抗战时代》一卷多有叙述，此简举几例。

1941 年，周作人与钱稻孙等汉奸一行到东京出席东亚文化协议会文
学部会，先到皇宫"晋宫问候，询问陛下康强"，然后又"参拜护国英灵
之靖国神社，东亚永久和平之志向相同之一行均誓言真心"（1941 年 4 月
15 日《庸报》报道）。第二天又去横须贺海军病院慰问日本海军伤病人员，
同时捐赠五百元……

1941 年 7 月 17 日，周作人到北平伪中央广播电台去讲话，云"治安
强化运动是和平建国的基础……是使民众得以安居乐业的唯一的途径"。
其时，正是日本侵略者对中国百姓大搞所谓的"治安强化运动"，灭绝人
性地烧、杀、抢、掠，嗜血杀戮，制造无人区，实行三光政策。

1942 年 5 月 2 日，周作人又作为汪精卫的随员，赴伪满访问，庆祝"满
洲帝国"建国十周年。周作人在日记中记有"随主席进宫谒见……在嘉乐
殿筵席"。

是年 10 月，周作人又赶往南京，为汪精卫祝寿，遍见"立法院院长"
陈公博、"考试院院长"江亢虎、"监察院院长"梁鸿志……周作人备受礼

遇厚待……

此时的周作人，哪里还有民族尊严，哪里还有人格自尊，哪里还有文人的操守和灵魂？曾经嘲讽左翼作家"把灵魂献给上帝"的周作人，如今却把自己的"灵魂卖给了魔鬼"，这真是绝妙的讽刺和宿命。

曾经的新文化运动主将，身边曾有大批追随者的周作人被公审，总会有人为恩师说话，这很正常。如曾赠撰联"微言欣其知之为诲，道心恻于人不胜天"给老师周作人，又被周作人视为"实在是知道我的意思之人"的废名，就站出来为其说话，在他写的小说《莫须有先生坐飞机以后》里，明明白白地加了一句："知堂老简直是第一个爱国的人。"对此，废名振振有词曰："知堂老一生最不屑为的是一个'俗'字，他不跟我们一起逃了，他真有高士洗耳的精神，他要躲入他的理智的深山"，"他只注重事功（这或者是他的错误！），故他不喜欢说天下后世，倒是求有益于国家民族"。真是高师出高徒，废名的这番话，与周作人在法庭上的自辩，如出一辙。

从《胡适来往书信集》中，有一封俞平伯就周作人致胡适的一封信，其中有请求胡适出面为周作人说情的文字：

> 夫国家纲纪不可以不明，士民气节不可以不重，而人才亦不可不惜……以六旬之高年身幽缧绁，恐不能支，其可虑一也。名为显宦，实犹书生，声气罕通，交游寡援，将来宣判未必有利，其可虑二也。左翼作家久嫉苦茶，今日更当有词可藉，而诸文士亦以知堂之名高而降敌也，复群起而攻之，虽人情之常态，而受者难堪，其可虑三也。在昔日为北平教育界挡箭之牌，而今日翻成清议集矢的的，窃私心痛之……

俞平伯乃周作人之另一高足，其为老师减刑而请当时思想文化界重要人物胡适帮忙，其心情也可以理解，但胡适对事关周作人投敌变节这等重要问题，是不能不谨慎的，他没有去为周作人的附逆辩解。

南京高等法院经过三次公开审讯，于11月做出了如下判决："处有期徒刑十四年，褫夺公民权十年。"

周作人不服，以曾力推"儒家文化中心论"受到片冈铁兵攻击，"扫荡反动老作家"为据，要求最高法院复判。

1947年12月19日，南京最高法院做出最终判决：

> 查声请人所著之《中国的思想问题》，考其内容，原属我国国有之中心思想。但声请人身任伪职，与敌人立于同一阵线，主张全面和平，反对抗战国策，此种论文虽难证明为贡献敌人统治我国之意见，要亦系代表在敌人压迫下伪政府所发之呼声，自不能因日本文学报国会代表片冈铁兵之反对而解免其通敌叛国之罪责……查声请人虽因意志薄弱，变节附逆，但其所担任伪职，偏重于文化方面，究无重大罪行，原审既认其曾经协助抗战及为有利人民之行为，依法减轻其刑，乃处以有期徒刑十四年，量刑未免过当……通谋敌国，图谋反抗本国……处以有期徒刑十年，褫夺公民权十年……

周作人有如此下场，确与其人格委顿、道德弱化有关涉，那种将"做人"同"做学问做文章"截然分开，是站不住脚的，像"义利之辩"本为文化人起码的良知，而周作人终究做了屈从于苟活本能的奴隶，终于把一种人生的复杂真相尴尬地暴露给世人看。选择，总有代价，"苦雨庵"的选择代价，付出的是灵魂。

世人皆知黄裳先生写有《绛云书卷美人图：关于柳如是》一书，誉满文坛。黄先生关注明末名妓柳如是，是在1946年南京龙蟠里看到黄尧圃旧藏《阳春白雪》的时候。与他同时关注"婉娈倚门之少女，绸缪鼓瑟之小妇"柳如是的，还有陈寅恪。陈寅恪特为柳如是作"别传"。这里要提黄裳，是他在南京关注柳如是的时候，作为著名记者，他也关注在南京受审的周作人。在周作人最终宣判之前，黄裳特到老虎桥模范监狱专访了周作人，并写出《金陵五记·老虎桥边看"知堂"》的长篇报道，下面摘录一部分：

一会，我在窗外看见一位狱吏带了一个老头儿来了。这是我第一次看见周作人，不过在印象中，是早已有了一个影子的，现在看看"正身"，大抵差不多。他穿了府绸短衫裤，浅蓝袜子，青布鞋，光头，瘦削，右面庞上有老年人常有的瘢痕，寸许的短髭灰白间杂，金丝眼镜（这是他在一篇文章中提到过的"惟一"的一副金器，三十年前的老样子）。

与想象中不同的是没有了那一脸岸然的道貌，却添上了满脸的小心，颇有"审头刺汤"中汤裱褙的那种胁肩谄笑的样儿。

请他坐了下来。他搓着手，满脸不安，等候我发问。这种"会审"式的访问很糟。简直没什么话好说，只问他这儿过得还好否，他回答还好。我问，这是第几次来南京了，他说南京是他作学生时住过的地方，以后来往路过也有好几次，最后又含糊地提起上前年的那一次南游……

后来他提到最近没有再审的消息，大约是在收集证据吧？有一位律师愿为他辩护。他自己写过一篇自白书，两篇《答辩状》，所说的话大约都在那里了。我即发问，一向是佩服倪元璐绝口不言一说便俗的他，何以在这次法庭上又说了那么许多不免于"俗"的话？这很使他有些嗫嚅了。最后他说，有许多事，在个人方面的确是不说的好，愈声明而愈糟，不过这次是国家的大法。情形便又微有不同，作为一个国民，他也不能不答"辩"云云。他重复说，现在想说的只是一点。起诉书中说他"通谋敌国"，而日本人也说他"反动"，是"大东亚思想之敌"，事实上绝对没有在两方面都是"敌"的人，除了这点以外，其余的都可不说……

他又说文人报国的方法，也只有写写文章，不误人便好。他又说其实也可以上前线去一刀一枪的，本来是海军出身，还是武人哩……

我又问他是否还有许多集外文没有收集，他说没有了。我又记起了有一次偶然在《中华日报》上剪了下来的《参拜汤岛圣堂纪念》的文章。他就说这些应酬文章照例是不收集的，也还有许多在外面。我不禁又想起那穿了军装检阅童子军的照片来，问了他，他好像觉得无所谓，马上答说，他"演戏两年"，那些都是丑角的姿态云云。

最后话题转到苦雨斋的藏书，我问他是否都已封掉，他答不知。虽然可以通信，但是也不好再去问这些事了……

未能免俗，我又要他写点东西，如近诗之类，他说近来很久不曾作诗了。也难怪，在老虎桥边是很少可能有打油的"雅兴"的。他想了一会，说有一次在监中为一位朋友题画的诗，写了下来：

> 墨梅画出凭人看，笔下神情费估量。
> 恰似乌台诗狱里，东坡风貌不寻常。

> 为友人题画梅　知堂

读这诗颇使我"有感"。正如他说过的一句话，虽然是在说别人，也难免不涉及自己。这里"笔下神情费估量"，正是写《自白书》时的写照吧？居然"风貌不寻常"，这在我一些也看不出来，只觉得这个"老人"的愈盖丑恶而已。很奇怪，这诗没有衰飒之音，而反倒颇有"火气"，岂真是愈老愈要"向世味上浓一番"乎？

时间拖得太长也不太好，只好请他回去休息了。我就又向所长说希望看一下他们的狱中生活，就又由一个狱吏陪我走进了"忠"字监。这是一个小院子，里面孤零零的一所红砖房。其中是一间间的小房间，从门板上面的一小块铁丝网窗中可望进去，房子极小，可是横躺竖卧的有五个人，汪时璟、刘玉书、唐仰杜这些老奸都赤了膊席地而卧，有的在一叠饼干匣上面写信。梅思平在里面的角落看书。殷汝耕在看《聊斋》，王荫泰藏在墙角看不见。走到第四间，"知堂"刚刚回来，在里面一角里的席地上，脱下了他的小褂小心地挂在墙上，赤了膊赤了脚在席上爬，躺下去了。旁边放着一个花露水水瓶子。

我又想起了刚刚那首诗，好一个"东坡风貌不寻常"。不过这儿我没有嘲讽的意思，那情景，真已是够凄惨的了。

读黄裳笔下的周作人，不禁让人想起杭州岳坟旁的秦桧，历史要他永远地跪在那儿，"白铁无辜铸佞臣"，那般光景，还能有什么好说的呢。

据龙顺宜（龙榆生女儿）在《知堂老人在南京》（载香港《明报月刊》1985 年 3 月号）一文中介绍，1946 年初夏时分，周作人被押解至老虎桥后，周作人的儿媳张英芳致函她，希望尽力照顾周作人。此后每星期她便给周作人送些熟肉或饼干之类。她的生活也拮据，有时会十多天去一次，她还在每年冬季后，给周作人拆洗棉衣、棉被，甚是殷勤照料。文中还说，周作人的学生废名曾寄给她百元，托她交给老师。

废名于 1946 年，经俞平伯推荐，返回北京大学任国文系副教授。抗战期间，他回到老家湖北黄梅，在县城一所小学教书糊口，此时他醉心佛学，写出《阿赖耶识论》。到北大刚有了收入的废名，便拿出工资的一多半汇给周作人。后来，解放军开进北平。周作人从监狱返回八道湾，生活困顿，许多旧交都怕惹麻烦，不敢接济周作人，废名却热情为老师奔走呼吁，甚至组织北大学生为乃师募捐。冬天，废名给周作人送去一大车煤，为此北大中文系开会批判废名，说他立场有问题。而废名对鲁迅，却一向刻薄。

关在老虎桥模范监狱"忠"字舍里的周作人，"把一切损害与侮辱看作浮云似的，自得其乐的活着"（《知堂回想录·一三七·琐屑的因缘》）。但也有令他感到难耐的，那就是监狱里不能读书写作。他后来写的《读书》一诗，幽默中含辛酸：

> 读书五十年，如饮掺水酒。
> 偶得陶然趣，水味还在口。
> 终年不快意，长令吾腹负。
> 久久亦有得，一呷识好丑。
> 冥想架上书，累累如瓦缶。
> 酸甜留舌本，指愿辨良否。
> 世有好事人，扣门乞传授。
> 舌存不可借，对客徒搔首。

后来，龙顺宜姐弟二人给周作人送来英国劳斯所著原版《古希腊的神、英雄与人》一书，让周作人喜不自禁。于是周作人开始重操旧业，在"忠"字舍里译起书来。把一本板置于饼干盒上即为桌，每天伏"桌"而译。夏季的南京，堪为火炉，而周作人却有"炎威虽可畏，风趣却堪传"之乐。不料同室的汉奸、汪伪政府宣传部长林柏生，突被押去处决了。这令周作人心惊肉跳，寝食难安，便吟诗道：

当世不闻原庾信，今朝又报杀陈琳。

后园恸哭悲凉甚，领得偷儿一片心。

兔死狐悲，内心"凡大哀极乐"的复杂，皆在诗中，正是"情动于中而形于言"也。让他悲哀的是，此刻无友人可倾诉，"哀怨虽刻骨，旁人哪得知"。

1947年夏，周作人被狱吏带出"忠"字舍，移居于东独居。监里的环境大大改善。最让周作人喜出望外的是，商人黄焕之被放出监时，留赠他折叠木炕桌。比起那用木板搭成的小"桌"，真有天壤之别，他终于有了条件安心写作了。丁亥年（1947年）他竟然写了杂诗三十首，儿童诗七十二首，还有集外的应酬和题画诗一百首。对周作人而言，这些创作，"虽是游戏所作，亦须兴会乃能成就"。他还将此做了一个形象比喻："如有擦火柴，必须发热到某程度，才会发出火焰来。"（《知堂杂诗抄·儿童诗与补遗》）

在寂寞中，转眼到了戊子年（1948年）。年初，周作人在他的自编诗稿之后，写了一首五言题诗：

寒暑多作诗，有似发疟疾。

间歇现紧张，一冷复一热。

转眼严冬来，已过大寒节。

这回却不算，无言对风雪。

中心有蕴藏，何能托笔舌。

旧稿徒千言，一字不曾说。

时日既唐捐，纸墨亦可惜。

据榻读尔雅，寄心在蠓蠛。

从前，周作人作五十自寿绝句。而今又在狱中多写五言诗，已与当年境遇大不相同。但若细读，读者会发现，周作人的诗并无大变化，往昔他荣显时，无得意之状，当今入监为囚，也无愧疚之态。

沉默的高墙里，周作人正在吟诵：

> 书房小鬼忒顽皮，扫帚拖来当马骑。
>
> 额角撞墙梅子大，挥鞭依旧笑嘻嘻。
>
> （《知堂杂诗抄·甲之十·书房一》）

热闹的《传奇》与"我将只是萎谢"的张爱玲

1

1946 年 1 月，张爱玲补充了五篇小说，将 1944 年自选十篇小说结集出版的《传奇》一书再版，由上海山河出版公司出版发行。

自 1945 年 8 月 15 日，日寇投降后，张爱玲受汉奸丈夫胡兰成的影响，曾经也被列为"文化汉奸"而受到舆论攻讦。加上"张胡之恋"屡结苦果，身心疲惫的张爱玲，昔日的繁华风光不再，在原来就日渐荒芜的文坛"缄默"了半年。

《传奇》增订本出版，张爱玲强势而自信地重返文坛。

《传奇》增订本，收录了五篇小说，分别是《留情》《鸿鸾禧》《红玫瑰与白玫瑰》《等》《桂花蒸阿小悲秋》五篇。增订本《传奇》，以《有几句话同读者说》，代替原集的扉页题词和《再版的话》：

> 我自己从来没想到需要辩白，但最近一年来常常被人论到，似乎被列为文化汉奸之一，自己也弄得莫名其妙。我所写的文章从来没有涉及政治，也没拿过任何津贴。想想看我唯一的嫌疑要么就是所谓"大东亚文学者大会"第三届曾经叫我参加，报上登出的名单内有我。虽然我写了辞函去（那封信我还记得，因为很短，仅只是：承聘为第三

届大东亚文学者大会代表，谨辞。张爱玲谨上。），报上仍旧没有把（我的——引者）名字去掉。

至于还有许多无稽的谩骂，甚至涉及我的私生活，可以辩驳之点本来非常多，而且即使有这种事实，也还牵涉不到我是否有汉奸嫌疑的问题；何况私人的事本来用不着向大众剖白，除了对自己家的家长之外仿佛我没有解释的义务。所以一直缄默着，同时我也实在不愿意耗费时间与精神去打笔墨官司，徒然搅乱心思，耽误了正当的工作。但一直这样沉默着，始终没有阐明我的地位，给社会一个错误的印象，我也觉得是对不起关心我的前途的人。所以在小说集重印的时候写了这样一段作为序。反正只要读者知道了就是了。

《再版的话》理直气壮、有根有据地批驳了关于"文化汉奸"的指控，下一段文字关于"私生活"之辩，也近情理，只是于平静中，透露出一种难言之隐和无奈。

"张胡之恋"，是张爱玲的玫瑰梦，半生缘被称为"倾城之恋"；"张胡之恋"又是张爱玲一生的陷阱，十八春，苦海无边。至今，人们还以各种形式，对滚滚红尘中缠绵悱恻又充满苦涩和丑陋的这一段情缘津津乐道。

2

"张胡之恋"始于 1944 年夏，胡兰成按照上海红得发紫的女作家苏青写给他的字条，找到上海静安寺赫德路一九二号爱丁堡公寓楼里的张爱玲居所。因未带名片，吃了张爱玲的闭门羹。胡兰成从门缝里塞进一张与自己联系的字条，悻悻而退。

张爱玲与胡兰成虽不相识，但她牢牢记住了这个令她心仪的人。1944

年 5 月，也就是在这前三个月，《杂志》月刊第十三卷第二期上，发表张爱玲的中篇小说《红玫瑰与白玫瑰》的同时，还发表了胡兰成写的《评张爱玲》，评论说：

> 张爱玲先生的散文与小说，如果拿颜色来比方，则其明亮的一面是银紫色的，其阴暗的一面是月下的青灰色。
>
> 是这样一种青春的美，读她的作品，如同在一架钢琴上行走，每一步都发出音乐。
>
> ……　……
>
> 她不是以孩子的天真，不是以中年人的执着，不是以老年人的智慧，而是以洋溢的青春之旖旎，照亮了人生。……
>
> 鲁迅之后有她，她是个伟大的寻求者。和鲁迅不同的地方是，鲁迅经过几十年来的几次革命和反动，他的寻求是战场上受伤的卫士的凄厉的呼唤，张爱玲则是一枝新生的苗，寻求着阳光与空气，看来似乎是稚幼的，但因为没受过摧残，所以没有一点病态，在长长的严冬之后，春天的消息在萌动，这新鲜的苗带给了人间以健康与明朗的、不可摧毁的生命力。

过了一日，张爱玲独自一人走进胡兰成大西路美丽园居所的会客厅。张爱玲身着短旗袍，留着一头并不时髦的长发，穿着一双自己做的两色鞋，脸如学生一般幼稚，她局促地坐在沙发一角。一身西装，面容英俊，透出一股洒脱之气的胡兰成，微笑地坐在沙发另一角。两人整整坐了五个小时，从早春的午间到黄昏，张爱玲一直听着胡兰成滔滔不绝的风趣的谈论。除了自己的经历便是谈读张爱玲小说的感觉，自然多是恭维之词。

这个出身浙江绍兴寒门的青年才俊，自幼便有远大抱负，苦读诗书。

1936 年，在广西任普通教师的胡兰成，因在当地《柳州日报》发表一篇鼓吹两广与中央分裂的政论文，而受到军法审判，引起社会广泛反响，受到汪精卫系的关注。没过多久，被汪精卫招到麾下，任其私人秘书兼翻译。大凡汪氏在重庆发表鼓吹与日本合作舆论之评论，多出自胡兰成腕底。如今与气质超脱年轻单纯的女作家邂逅，让胡兰成一见倾心。从未经历男女之情，一直心高气傲的张爱玲对胡兰成也生出好感，动了芳心。以后多次相会，两人总是边品茗或喝咖啡，边漫谈共同感兴趣的话题，这袅袅的香气，温润了驿动的心，发酵成爱。于是，浪漫、华丽又悲情的"张胡之恋"拉开了闸门。

可怕的是，政坛情场的老手胡兰成看懂了张爱玲高贵单纯又苍凉的灵魂。胡兰成曾说，和她相处，尽管她清苦到自己上街买小菜，"然而站到她跟前，就是最豪华的人也会感受威胁，看出自己的寒碜"，"她的放恣的才华和爱悦自己，作成她的那种贵族气氛"，"总觉得她是贵族"。胡兰成更看透了张爱玲爱他的决绝，她是那种会用自己全部的深情，一直痴情爱着他的女人。

而张爱玲却一直未读懂胡兰成，就在给他的照片背后，写下一生爱他的誓言，并为此付出了她一生不变的痴情。她写道："见了他，她变得很低很低，低到尘埃里，但她心里是欢喜的，从尘埃里开出花来。"在别人眼中有着"传统贵族的血液"的张爱玲，偏偏做了胡兰成的精神奴仆。即便她发现胡兰成与她相爱，不过是他风流韵事的一部分，他不断背叛自己的感情，让她欲哭无泪，但她还是委曲求全，不断地原谅他。

当然，像许多情场老手一样，他们的掠艳，也总是出于爱，胡兰成爱过张爱玲，投入过真情，有过两情相悦、耳鬓厮磨。于是有了 1944 年 8 月，张、胡走进了婚姻殿堂。张爱玲的闺友炎樱，是他俩的证婚人，见证了这场朴素的婚礼。新娘张爱玲二十三岁，新郎胡兰成三十八岁，分别在结婚证书背面留下真诚的誓言。张爱玲用娟秀的字写道："胡兰成与张爱玲签订终身，结为夫妻。"胡兰成用老成的字记曰："愿使岁月静好，现世安稳。"

写小说的誓词，平实而诚挚；作论文的祝愿，浪漫、温柔而又有期许。

婚后，两情缱绻，琴瑟甚笃。胡兰成赚钱不多，但张爱玲有很多稿酬，足以让他们过上优越日子。偶尔，胡兰成给她一些钱，张爱玲会高高兴兴地拿这些钱去做皮袄和买红披肩，享受丈夫给她带来的快乐。

才华横溢、风度翩翩，被张爱玲视为梦、视为瑰宝，加以温柔宠溺的胡兰成，并不珍惜这段璀璨的爱情和婚姻。

是年底，日寇在华已处劣势，抗战的胜利已见曙光，心怀"英雄大业"的胡兰成，为已风雨飘摇的汪伪政权的苟活，在苦雨霏霏的 11 月，毅然南下武汉。大势已去，"大业"将倾，让胡兰成无限伤感。于是沉于犬马声色，放纵自己的欲望，与如花妙龄的女护士周训德小姐搞在一起，整日躲在温柔乡里，寻欢作乐。

1945 年 3 月，日寇已节节败退，胡兰成不再做"英雄梦"，悄然返回上海。他毫不隐瞒，绘声绘色地将在武汉的风流韵事、男女相悦的床笫之欢悉数讲给张爱玲听。张爱玲满脸哀愁又无奈地垂下头，欲哭无泪地咀嚼胡兰成写在结婚证上的"愿使岁月静好，现世安稳"的期许。

张爱玲没有要求胡兰成割断与周训德的情缘，而是让他在她们之间，做出选择。这让人想起《红玫瑰与白玫瑰》中的一段话：

> 振保的生命里有两个女人，他说一个是他的白玫瑰，一个是他的红玫瑰。一个是圣洁的妻，一个是热烈的情妇——普通人向来是这样把节烈两个字分开来讲的。
>
> 也许，每个男子的生命中全都有过这样的两个女人，至少两个……

一年前发表的小说里的情景竟与作者自己人生经历奇异地相似，这是一种偶然，还是一种宿命？

是年 5 月，胡兰成再到沈阳，与随后到那里的周训德同居，让张爱玲在春花烂漫的上海独居空房，守望着那个名存实亡的家。

1945 年 8 月 15 日，日本投降。身在武汉的汉奸胡兰成，在日本的幕后指使下，策划"武汉独立"。十三天后，失败的胡兰成成了丧家之犬，丢下了可怜的周训德，也丢下了张爱玲，开始了东躲西藏的逃生生涯。

痴情的张爱玲，四处打听，终于在温州见到了胡兰成。

那时，风流成性的胡兰成，在流亡的途中，又将一大户人家的姨太太范秀美勾搭上手，二人逃到温州，以夫妻名分同居。

当胡兰成见到风尘仆仆赶来，千里寻夫的张爱玲，颇有些意外和感动。复杂的心情，让这个一贯口若悬河的男人，竟不知说什么好。而张爱玲见到他身边俏丽的范秀美，更是心如死灰，凝噎无语。她闭上眼睛，两行清泪涌出眼眶。

张爱玲回到上海，给胡兰成写了一封酸楚的信：

> 那天船将开时，你回岸上去了，我一人雨中撑着伞在船舷边，对着滔滔黄浪，伫立涕泣久之……

不多时，张爱玲和侄女都接到了胡兰成的短函，说范秀美怀了身孕，请他们在上海帮助堕胎。张爱玲拿出一只金镯，让侄女青芸当掉，给身无分文的范秀美去医院堕胎……

3

张爱玲是在"张胡之恋"经历繁盛走向颓落之后，顶着"文化汉奸"的罪名，重新收拾心情，再版了《传奇》的。在《有几句话同读者说》中，张爱玲为自己做了"辩白"之后，还写了《跋》：

我不会作诗的，去年冬天却作了两首，自己很喜欢，又怕别人看了说"不知所云"；原想解释一下，写到后来也成了一篇独立的散文。现在我把这篇《中国的日夜》放在这里当作跋，虽然它也并不能代表这里许多故事的共同的背景，但作为一个传奇未了的"余韵"，似乎还适当。

收录的两首诗，其一是《落叶的爱》：

大的黄叶子朝下掉；

慢慢的，它经过风，

经过淡青的天，

经过天的刀光，

黄昏楼房的尘梦。

下来到半路上，

看得出它是要去吻它的影子。

地上它的影子，

迎上来迎上来，

又像是往斜里飘。

叶子尽量慢着，

装出中年的漠然，

但是，一到地，

金焦的手掌

小心覆着个小黑影，

如同捉蟋蟀——

"唔，在这儿了！"

秋阳里的

水门汀地上，

静静睡在一起，

它和它的爱。

其二是《中国的夜》：

我的路

走在自己的国土。

乱纷纷都是自己人；

补了又补，连了又连的，

补钉的彩云的人民。

我的人民，

我的青年，

我真高兴晒着太阳去买回来

沉重累赘的一日三餐。

谯楼的鼓定天下，

安民心，

嘈嘈的烦冤的人声下沉。

沉到底。……

中国，到底。

《落叶的爱》是首托物言志的爱情诗。以一片飘零的落叶，吻它的影子，最终在水泥地上与影子"静静睡在一起"的意象，吟唱出一曲诗人自哀自叹浓烈而动人的爱情悲歌。

如果说《落叶的爱》抒发的是个人的情感，那么《中国的日夜》，则是一首政治抒情诗，热情地歌颂祖国获得新生后，是充满朝气和力量的欢快进行曲和咏叹调。这种个人情感和家园情怀能极和谐地集于二十多岁的张爱玲身上，足见其性格的复杂。

<h1 style="text-align:center">4</h1>

小说集《传奇》，在中国现代文学史上，具有重要意义。张爱玲在初版的《传奇》扉页上说，小说集取名"传奇"，"目的是在传奇里面寻找普通人，在普通人里寻找传奇"。纵观《传奇》里收录的小说，可以看到，其所谓"普通"，表现为人物品格精神的世俗性，还有行为的平淡性；而所谓"传奇"，则主要是指在言情中散发出的浓强的人生意味。"普通"和"传奇"构成了张爱玲小说的独特审美意向。当年迅雨（傅雷）在一篇名为"论张爱玲的小说"（载1944年7月《万象》）的评论中，赞誉为上海文坛"最美丽的收获之一"。

增订版的《传奇》共收入张爱玲的小说十九篇。

中篇小说《金锁记》是张爱玲小说的巅峰之作。小说以悲凉的笔触，剖析了一个卑微女子如何被劈杀情欲，失落人性。小户出身的曹七巧，在门第、金钱的交易中嫁给名门姜公馆里久患骨痨的丈夫。年轻健康的曹七巧，守着病重的丈夫，牺牲了自己躁动着的正常生活欲求。她盼望能在焦灼痛苦的等待中，用青春熬死丈夫，再用金钱补偿和改变这一切。十五年，艰难熬过去，丈夫升了天，家产到了手，却套上了黄金的枷锁，这让她始料未及。从此她每天担惊受怕，怕财产被觊觎。她将自己一直钟爱的小叔叔季泽逐出家门，又再三拖延儿女婚事。长期被压抑的情欲，也以残忍的方式寻求着出路。为了留住儿子长白在身边，她设计逼死了儿媳和老太爷的姨太太。接着，她又用计拆散了女儿的婚姻。姜公馆在曹七巧的阴毒设计下，变成一座情欲和仇恨的地狱。

"张爱玲用一种绝少'女人味'的犀利冷静，描写了在姜公馆这样一个封建性和资本主义性的文化交媾生出的怪异环境中人性的毁灭，而其中得到突出描写的是七巧身上黄金欲和情欲的纠葛冲突，这一切又是在人情世故的框架中完成的"（《中华文学通史》）。

《金锁记》之后，张爱玲又写了《红玫瑰与白玫瑰》。在《金锁记》中，七巧寄情于三少爷季泽，但季泽畏难却步。等季泽出于财产考虑，再去追求七巧时，七巧为了守住金钱而关上了情感的闸门。《金锁记》的这一"历史遗憾"，在《红玫瑰与白玫瑰》中，得到了补偿。《红玫瑰与白玫瑰》写的就是婚外恋题材：佟振保在英国留学，曾拒绝外国姑娘的激情纠缠，后偶尔在巴黎旅游中，有过失足嫖妓的荒唐之举，悔恨不已。学成归国，成为英染织厂工程师。这个曾坐怀不乱的"柳下惠"，在开放女性王娇蕊的攻击下，不堪一击，很快成了她的情人。当一贯放纵欲望的王娇蕊对佟振保动了真情，不顾一切想正正当当嫁给他时，却遭到了与她只是鱼水之欢，发泄肉欲的佟振保的无情拒绝。风骚火爆、敢恨敢爱的这朵红玫瑰，被迫落寞改嫁，然后凋落了。而出身寒门、善于钻营的佟振保终于挤进了上流社会。娶了扁平似中学生、不解风情的"白玫瑰"孟烟鹂后，再无与王娇蕊的火辣情感，又让他感到失落，于是宿娼嫖妓，自甘堕落。

小说结尾，韵味无穷：佟振保盛怒，把台灯、暖水瓶打碎，烟鹂返身逃出，佟振保"得意至极，立在那里无声地笑着……第二天起床，振保改过自新，又变了个好人"。

小说对佟振保、王娇蕊的塑造，力透纸背，人物血肉丰满。张爱玲不是一个女权主义者，但在《红玫瑰与白玫瑰》中，有了相当明显的女权主义意识。

其实，张爱玲的《沉香屑·第一炉香》，就集"雅""俗"于一炉，显示出骨子里的古典文学理趣同她作为现代都市女性的感受和表达生活方式深刻的结合性。她将传统士大夫文化的继承与对市井生活的把握，奇妙而有机地杂糅起来，使其小说具有古今意象、中外境界和谐相融的气质。诚如《〈传奇〉集评茶会记》（1944年9月《杂志》）所云，张爱玲的小说"有似以中国画、法画、西洋画，特别有引人力量"，其"滋味醇厚，像花雕酒陈而香"。如英国毛姆用他冷峻的语气，在香港富孀"家传霉绿斑驳的铜香炉里"冒出的袅袅的香烟中，讲述了一个现代中国都市故事。

故事并不复杂：香港一个大佬的遗孀梁太太，利用在香港闲居的外甥女葛薇龙小姐，织了一张情网，以"留住了满清末年的淫逸空气，关起门来，做小型的慈禧太后"。

《封锁》写在因戒严封锁而停开的电车上，在一声声叮铃铃响的寂寞的空间里，演了一出有着洋文功底的吕宗桢与翠远这一对华人青年男女的调情短剧，让读者俯瞰了现代精神无情的人性。

《琉璃瓦》写印刷所广告部姚主任因妻子连生七女而烦恼，揭示包办婚姻与自由恋爱的冲突。

《茉莉香片》写被"家教"管制得如懦弱女性的聂传庆的病态发泄。

《心经》写许小寒纠缠在恋父的情节中的父子龃龉。

《花凋》写一个富有家庭充满无休止的争吵，大小姐凋亡的故事。

5

《鸿鸾禧》，发表在1944年6月的《新东方》月刊第九卷第六期。小说写暴发户娄家大少爷大陆，迎娶"凋落的大户"人家的大小姐邱玉清的故事。妙在围绕这场大婚，两家人各自心怀着自己的目的，上演了一场钩心斗角的好戏。而表演最出彩的，则是新娘子邱玉清。她以自己高贵的做派，什么"全懂"的精明，让夫婿大陆心花怒放，而其实呢，在婚前购嫁妆一场，她已露出"破绽"。她出手太过阔绰，"买了软缎绣花的睡衣，相配的绣花浴衣，织锦的丝棉浴衣，金织锦拖鞋，金珐琅粉镜，有拉链的麂皮小粉镜"。她认为一个女人一生就只有这一个任性的时候，不能不尽量使用她的权利，因此看什么买什么，"来不及地买，心里有一种决绝的、悲凉的感觉，所以她的办嫁妆的悲哀并不完全是装出来的"。邱玉清大手大脚，贪婪地花掉娘家借来的五万块钱，其装腔作势的做派，与一个有教养的大家闺秀相去甚远，已让小姑子、小叔子很看不上眼。

而娄家老爷娄嚣伯和夫人、小叔子、小姑子诸人，在这场大婚中，也都有各自的精彩表演，让人大开眼界。

《留情》在《鸿鸾禧》发表之后六个月发表在《杂志》上。写的也是婚姻题材，写六十岁老翁米晶尧与三十岁的淳于敦风"黄昏恋"的故事。小说的题目曰"留情"，道出了其玄机：谁"留情"，给谁"留情"，"留情"又为什么。

《等》发表在 1945 年 2 月的《杂志》上。与其他小说不同，这篇小说是张爱玲表面写抗战年代上海一个按摩诊所发生的候诊故事，而实际上表现的是上海人到外面去后的婚变社会现象。在探求婚变现象时，小说涉及政治问题，甚至公开批评"蒋介石"的"最高指示"，让在外地的已婚男人"讨小"。是张爱玲的另类小说。

上面这些小说，其人物多是卑微、阴沉的，所写的也是普通人的琐细的俗务，但张爱玲赋予这些题材独具慧心的艺术体验，以仁厚慈爱"参悟"她面对的屑细平庸的生活，所以呈现出情趣盎然的生活形态。这是一种从世俗中探索生活天机，在普通凌乱中发现生活和谐的哲理追求，使其小说在"新"与"旧"，"雅"与"俗"的和谐交融的叙事风格中显得流畅、精巧、典雅。抑或说，张爱玲热衷于草野而毫无江湖气，满纸都洋溢着真诚纯粹。因此，笔者极不赞同无端地把张爱玲的小说纳入通俗文学范畴。有的文学史这样论道：

> 通俗文学发展到二十世纪四十年代，其本身似乎需要有一位才华横溢，新旧文学功底皆厚的作家来完成向现代通俗小说转化的进程。张爱玲无疑承当起了这一历史任务。

宋以后，将唐人小说概称传奇。《传奇》专集，唐代裴铏作。裴铏，咸通、乾符（唐僖宗）时人，曾为静海军节度使高骈掌书记，后官成都节度使副使。《传奇》所记皆奇闻逸事，情节诡幻，描写细致，文辞绚丽。此外，唐时小说，还有牛僧孺创作的《玄怪录》、王度创作的《古镜记》等，因知识分子参与，传奇反映了各种不同的生活面，思想主题也呈现了复杂多样的状态，对后代文学产生了重要的影响，对后代小说的发展影响尤其大。但直到《金瓶梅》产生前，传奇式的小说，皆注重故事的叙述，对人物形象的塑造尚不鲜活，对人物复杂性格的揭示缺乏深度和广度。在俗文学与雅文学的概念一直混乱的理论界，多将重在写故事的小说称为俗文学，而将塑造出鲜活的陌生的"这一个"人物的小说，称为雅文学。倘若这一区分雅俗小说的标准成立，而将把中国传统小说同西方现代小说从情调趣味到艺术手法有机地融合成一种新的艺术境界，为文坛奉献了那么多鲜活的文学形象，并以此为中心呈现出那个时代的人生状态，呈现活着的有质感、有温度的历史和生活图景的张爱玲小说，称为通俗小说，很让人怀疑他们的动机。

从《沉香屑·第一炉香》《金锁记》到《年青的时候》，我们会发现张爱玲的小说，已由繁复、浓烈向自然平淡转化，那是她小说走向更成熟的表现。《〈传奇〉集评茶会记》中说，张爱玲"她自己最喜欢的是《年青的时候》"。

《年青的时候》发表于 1944 年 2 月 10 日出版的《杂志》第十二卷第五期，是写年轻的潘汝良与逃到上海的白俄女人沁西亚相恋的故事。由于爱上沁西亚，潘汝良无师自通地画满了一笔记本她的速描画。他们在补习德文的专修学校里不期而遇。这位孤高自许的医科大学生，在家里得不到温暖，偶遇沁西亚，便产生一种朦胧的情愫，显得手足无措，作者将其初恋的心态生动地描画了出来：

　　她的脸这一偏过去，汝良突然吃了一惊，她的侧面就是从小东涂西抹画到现在的惟一侧面，错不了，从额角到下巴那条线。怪不得他报名的时候看见这俄国女人就觉得有点眼熟。他再也没想到过，他画的原来是个女人的侧影，而且是个美丽的女人……惟其因为这似有如无的眼眉鬓发，分外先出侧面那条线。他从心里发出一种奇异的喜悦，仿佛这个人整个是他手里创造出来的。她是他的。他对于她，说不上喜欢不喜欢，因为她是他的一部分……

　　他朝她发愣，她似乎有点觉得了。汝良连忙垂下眼去看书。书头上左一个右一个画的全是侧面，可不能让她看见了，她还以为画的是她呢？汝良情急，慌忙抓起铅笔来一阵涂，那沙沙的声音倒引起了她的注意。

　　她探过身来向他书上望了一望，笑道："很像，像极了。"

　　汝良嗫嚅着不知说点什么，手里的笔疾风如雨地只管涂下去，涂黑了半张书……

沁西亚也喜欢这个腼腆的汝良，主动将自己的名字写给他，并提出他教她中文，她教他德文。然后自然是约会，到外滩苏生大厦约会，让他局促不安，似"虚无缥缈的梦"，"他看见她的心跳，他觉得他的心跳"。

后来，这初恋却遭到沉重打击。一次，他兴冲冲跑去与她约会时，她却哭着说："你知道？我要结婚了。"她嫁给了一个被女人宠坏的俄国酒鬼。沁西亚结婚后得了伤寒病，一朵美丽的鲜花即将黯然凋零。

张爱玲就是要写美的悲剧，唱出一首青春的挽歌。悲的是这年 8 月，张、胡走进婚姻殿堂，张写出她钟爱的《年青的时候》，这竟成为自己失去青春的挽歌。

《年青的时候》是张爱玲小说中写得最朴素干净的一篇。从小说艺术而言，《年青的时候》让文学手段退到幕后，让情感从繁复浓烈归于自然平淡。前者，是艺术境界的一种超越；后者，是作者思想境界的一种升华。

6

抗战胜利前，张爱玲自编的《倾城之恋》，在上海公演，风靡十里洋场。

1946 年元月，张爱玲的《传奇》再版，直到 1949 年，她没有什么新作问世。她沉浸在与胡兰成的情感起伏中，沉默、观望。

那时，张爱玲已与父亲决裂，而大洋那边的母亲也已杳无消息。胡兰成如一朵浮云，在外面飘荡，她只能与姑姑张茂渊相依为命。她并不孤独，到旧市场淘书，去电影院看看好莱坞电影，或与友人坐在宁静的咖啡馆聊聊天，独守着心中那份悠然自得。但是好景不长，没有文字卖出去，只靠姑姑那点收入过活，她的生活日见拮据困窘。张爱玲不得不重拾钢笔，恢复写作。但写的不是往常的小说，而是创作从未涉足的电影剧本。

张爱玲是在桑弧、龚之方等友人的撺掇下入这一行当的。那时，这些友人刚刚成立文华电影公司。他们知道，剧本是电影之母，又深知张爱玲的生花妙笔。

张爱玲写了第一部《不了情》，第二部《太太万岁》，两部剧本很快拍完，然后公演，内容不同，却都引起上海滩轰动，接着使平、津等城市万人空巷，争看她的电影。

《不了情》依然如张爱玲之"在传奇里找普通人，在普通人里找传奇"（《传奇》初版扉页题词）的小说路数，写"男女间的小事情"，是一出让人唏嘘的爱情悲剧。二十五岁的失业女青年虞家茵，到一家药厂老板家当家庭教师，与老板一见钟情，陷入爱河。但老板已有父母包办的妻子，又身患肺痨，不能离婚，再加虞家茵的父亲从中捣乱，坑蒙拐骗，进入药厂，侵吞药厂一笔慈善捐款，弄得虞家茵羞愧难当。她承受不了巨大的精神压力，便以回乡结婚为由，告别她所深爱的男人，到外面自谋生路去了。虞家茵的爱情被无情扼杀，构成了震撼人心的艺术魅力，美的毁灭无大悲大恸，却有让人唏嘘的"苍凉感"，这是张爱玲的拿手好戏。

三十年后，张爱玲整理《多少恨》剧本时，曾写了一篇《前言》，说：

> 寥寥几年后，这张片子倒已经湮没了，我觉得可惜，所以根据这剧本写了篇小说《多少恨》。

战乱湮没了电影《不了情》，中国电影不会忘记《不了情》。

《不了情》之后，张爱玲还为香港电懋公司创作了《太太万岁》等一系列电影剧本，现已收入《传奇》下卷（中国戏剧出版社 2005 年版）。

《太太万岁》，顾名思义，已由恋爱进入了家庭。电影写家庭主妇陈思珍与丈夫唐志远过日子的故事。唐无显赫门第，却属纨绔子弟之流，他一无所能，却要出人头地。他与老婆陈思珍一同骗岳父老泰山，弄来钱开公司。不料公司刚开张，便因钱被经理卷走而倒闭。唐还搞女人，生意一败再败。而陈思珍偏偏是个既不"贤"，也不"良"，可对丈夫、婆婆、小姑子温顺体贴，不好不坏，具有"二重性"的太太。陈思珍应该是上海滩真实的具有典型性的女性。

1947年，张爱玲为《大家》创刊号写了一篇《〈太太万岁〉题记》：

> 《太太万岁》是关于一个普通人的太太。上海的弄堂里，一幢房子里就可以有好几个她。
>
> 她的气息是我们最熟悉的，如同楼下人家炊烟的气味，淡淡的，午梦一般的，微微有一点窒息……
>
> 她的生活情形有一种不幸的趋势，使人变成狭窄、小气、庸俗，以至社会上一般人提起"太太"两个字，往往都带点嘲笑的意味……如同这出戏里的陈思珍，在一个半大不小的家庭里周旋着，处处委屈自己，顾全大局，虽然也煞费苦心，但和旧时代的贤妻良母那种惨酷的牺牲精神比较起来，就成了小巫见大巫了。陈思珍毕竟不是《列女传》上的人物。她比她们少一些圣贤气、英雄气，因此看上去要平易近人得多……如果她有任何伟大之点，我想这伟大倒在于她的行动都是自动的，我们不能把她算作一个制度下的牺牲者……
>
> 陈思珍用她的处世的技巧使她四周的人们的生活圆滑化，使生命的逝去悄无声息，她运用那些手腕、心机，是否需要的——她这种做人的态度，是否无可疵议呢？这当然是个问题。在《太太万岁》里，我并没有把陈思珍这个人物加以肯定或袒护之意，我只是提出有过这样的一个人就是了。

从这篇对陈思珍这一人物阐释的文章中，我们更清楚了张爱玲的文学创作，一直在努力表现生活的多样性和人物的复杂性。

张爱玲不仅对陈思珍这种"俗事俗人"有深入的参悟，在题材选择上也不避俗。她是始终自觉地、全面地浸润于中国古典文学传统。她从《金瓶梅》《红楼梦》等文人小说中汲取营养，融进各种传统文体的智慧形成自己作品的"雅"与"俗"，形成古今意象、中西境界和谐交织的艺术个性。

在写电影剧本期间，张爱玲认识了文华电影公司的创办人之一，著名的导演桑弧。他委托张爱玲为女影星陈燕燕量身定制一部适合她的电影剧本。那时，孤冷傲然的张爱玲正享受悠然自得的惬意生活，不肯动手写作。桑弧通过柯灵的帮助，不得已敲开了张爱玲家的大门。

张爱玲见到多次请她出山的桑弧，竟然极为爽快地站起身说："好，我写！"

这就是让影迷惊喜的《不了情》。接下来，桑弧得陇望蜀，与张爱玲又合作了《太太万岁》和《哀乐中华》等，使编和导成了又默契又灿然的搭档。朋友们发现，这编与导之间，郎与女都有才有貌，天生一对，便有意撮合。

据龚之方回忆："她的回答不是语言，只是对我摇头，再摇头和再三摇头，意思是叫我不要再说下去，不可能的。"

更了解张爱玲的人，自然懂得张爱玲不能接受桑弧的真正原因。张爱玲当年与胡兰成的那一纸诀别留言，是"我将只是萎谢了"。内向拘谨的好青年桑弧最终难以成为张爱玲的知音，敲开她的心扉。

《不了情》《太太万岁》票房收入颇多，张爱玲所得稿费也可观。得到钱后，她立刻给胡兰成汇去三十万巨款，那时胡兰成躲在温州。同时寄去的还有一封与他彻底分手的信，终结了他们三年甜甜蜜蜜又磕磕绊绊的婚姻关系。

1947 年后，内战风暴席卷大地，上海经济凋敝，张爱玲因稿费枯竭，不得不搬出赫德路公寓。想当年，上海文坛名宿周瘦鹃和胡兰成初登赫德路张宅，就因那奢侈的房舍、典雅高贵的陈设而惊叹。

正在这时，因《太太万岁》，张爱玲遭到左翼作家的批判，他们在报纸上写道：

> 寂然的文坛上，我们突然听到歇斯底里的绝叫，原来有人在敌伪时期的行尸走肉上闻到 High Comedy 的芳香。跟这种种神奇的嗅觉比起来，那爱吃臭野鸡的西洋食客和那爱闻臭小脚的东亚病夫，又算得了什么？

张爱玲很熟悉这种空洞无物、只有谩骂和口号式的批评。读了，哑然一笑，但她分明已感到"山雨欲来风满楼"了。

峻急傲倪的闻一多，用生命做了"最后一次的讲演"

有的文学史称，闻一多"既有诗人气质，又具学者风范"，是不错的。但这不是闻一多的全貌。殊不知，闻一多性格峻急傲倪，常与人不睦。吴宓曾"因闻一多等暴厉之行，心中深为疼愤"，不得不离开联大，避其三舍之外。钱穆也曾说，"自余离开联大之后，闻一多公开在报纸骂余为冥顽不灵"。陈寅恪看在眼里，甚为不平，建议将闻一多告上法庭。浦薛凤曾说闻一多"谈及时事，总觉其理想太高，不切实际"。他与刘文典有隙，设法将刘文典赶出西南联大。重要的是，闻一多在重要的历史关头，顺应天命所归的变动、民心所向的社会变革，最终悲壮地走上了争民主、反独裁的革命之路，不惜飞蛾扑火，完成了壮丽的生命涅槃，成为一座革命知识分子的丰碑。

1

1946 年，流年不利，全国到处弥漫着肃杀之气和血腥味道。开年伊始，著名记者羊枣（杨潮）猝死于杭州监狱。接下来，仅在 8 月之前，北平、上海、广州、西安、重庆等地有一百九十多家报刊、通讯社被查封，九家报纸被特务捣毁。仅广州一地，就有十万多册报刊被没收，二十多名记者、教授被殴打，四十七名记者遭监禁，三名记者被杀害。8 月，被关押六年多的成都《大声》周刊社长车耀先被杀。

在昆明，仅 7 月，就有李公朴、闻一多被暗杀。之后便是昆明《学生报》

《自由论坛》等四十六种期刊被封，其中包括李公朴、闻一多生前主办的《民主周刊》《人民周刊》《时代周刊》。

但屠杀和血腥并没有吓倒广大的知识分子。在李、闻遭暗杀之后，各地报纸纷纷报道，上海、重庆等地文化界奋起谴责国民党当局的卑鄙暴行。许德珩、史良等名宿八十人在重庆成立"陪都李闻血案后援会"，并发表宣言。

郑振铎主办的《民主》周刊被查封后，郑振铎、叶圣陶、罗稷南等十七位知识分子，在《民主》休刊号上，发出了"我们的抗议"。接着，储安平在上海创办《观察》，以其"独立的、客观的、超党派的"追求，迅速成为"全国自由思想知识分子的共同刊物"。它的七十多位撰稿人，皆是全国一流的学者、教授、报人。这将"文人论政"推向一个高峰。"《观察》以其坚定的道义担当、独立的品格为书生论政提供了一个重要的公共平台，悲壮地完成了自由主义知识分子的谢幕演出，成为当年绝响。"（《笔底波澜》246页）

2

闻一多得知他的大名已上了国民党当局的"黑名单"，他还是从容地走出家门。

7月15日上午，在国立云南大学至公堂，昆明学生联合会举行李公朴殉难经过报告会。通往至公堂的六层台阶上，摆放着鲜花，闻一多泪眼蒙眬。会场坐满了各界来宾。李公朴夫人以一身素衣，率先登上讲台，悲愤地讲述李公朴被暗杀的经过，讲到李公朴中枪倒地时，她痛哭失声，听众也抽泣不止。孰料混进会场的特务，公然吹口哨，胡乱喊叫，会场大乱。

就在这时，人们看见一个穿长衫、戴一副白色眼镜的中年人，大步走上讲台，学生看清那是闻一多先生，会场安静了下来。

闻一多站在讲台上，扫视了一下会场，然后讲话（摘自《闻一多精选集》）：

这几天，大家晓得，在昆明出现了历史上最卑劣、最羞耻的事情！李先生究竟犯了什么罪，竟遭此毒手？他只不过用笔写写文章，用嘴说说话。而他所写的，所说的，都无非是一个没有失掉良心的中国人的话！大家都有一支笔，有一张嘴，有什么理由拿出来讲啊！有事实拿出来说啊！

（这段讲话最后两句跳跃性太大，文理不通。或许是整理有疏漏。《最后一次的讲演》是后人根据资料整理而成，不准确是难免的。）

今天，这里有没有特务？你站出来！是好汉的站出来！你出来讲！凭什么要杀死李先生？杀死人了，又不敢承认，还在污蔑人，说什么"桃色案件"，说什么共产党杀共产党，无耻啊！无耻啊！这是某集团的无耻，恰是李先生的光荣！

接下去，闻一多又讲到去年的"一二·一"，昆明学生为反内战惨遭杀害的事实，愤怒地拍起桌子，无畏地呐喊道：

你们杀死一个李公朴，会有千百万个李公朴站起来！你们将失去千百万的人民！你们看着我们人少，没有力量。告诉你们，我们的力量大得很！多得很！

看今天来的这些人，都是我们的人，都是我们的力量！

闻一多还以希特勒、墨索里尼为例证明历史上没有一个反人民的势力不是被人民毁灭的，最后以诗人的激情，喊出生命之音：

正义是杀不完的，因为真理永远存在……我们不怕死，我们有牺牲精神，我们随时准备像李先生一样，前脚跨出大门，后脚就不准备跨进大门！

这是一位进步知识分子的正义之声，也是一位曾躲进象牙塔内，获有"何妨一下楼主人"雅号的觉悟了的诗人的千古绝唱。

诗人用生命之力做的"最后一次的讲演"，博得了到会者经久不息的掌声，让他们热血沸腾……

3

下午，闻一多到自己与李公朴主办的《民主周刊》社，接受记者的采访。上午闻一多的演说如狂飙席卷昆明，他自然成了记者的采访对象。他向记者继续控诉抨击特务暗杀李公朴罪行的同时，还阐述了自己的民主思想。

他走出《民主周刊》社时，山峦那边夕阳如血，斑驳的霞光照在脸上。那是一张瘦削、疲惫而又苍白的脸庞。他的儿子闻立鹤早在离家不远的西仓坡那里等候父亲。父子默默地往家里走，突然有枪声响起，父子旋即倒在血泊之中。闻一多头部中弹气绝，闻立鹤身中数枪，经抢救保住了性命。

闻一多遭暗杀之后，昆明及各地报刊纷纷报道。上海、重庆等地的文教界奋起对当局进行谴责。如前所述，在重庆的许德珩、史良还成立"陪都李闻血案后援会"，并发表宣言，表示要追查到底，为李、闻申冤雪仇。

有些文学史似乎回避了闻一多的一些人生重要经历，故意把一个活生生充满追求又充满矛盾的人生简单化。其实，他最终走向悲壮的与国民党抗争之路，并为此付出了生命，是经历了很多反复和曲折的。

闻一多于 1912 年考入北京清华学校，在近十年的清华生活中，参加《清华周报》《清华学报》等编辑工作，发表创作多种，还积极参加美术社、新剧社的活动。

1919 年，五四运动爆发，北京涌动着新思潮的暖流，闻一多积极响应，当即在清华校园贴出一张大字报《满江红》，以词的形式，呼吁同学，勿忘国耻，投入爱国运动洪流中去。愤怒的学生集会天安门，火烧赵家楼，一场学生运动写进中国历史。反动军阀进行血腥镇压，三十名学生被捕。闻一多坚持斗争，作为清华学生代表，与罗隆基等四人，乘火车去上海，参加在那里举行的全国学联成立大会。回北京后，闻一多与罗隆基等成为当时学生运动的风云人物。

1920 年 7 月，闻一多以一首诗《西岸》开始了他的诗歌创作生涯。到 1921 年，闻一多已成为清华文学社的重要成员，开始对新诗格律化问题的系统研究。1922 年，公费赴美留学，入芝加哥美术学院，翌年转到珂泉珂罗拉多学院美术系，其兴趣转向文学方面。

4

沧海桑田，世事变幻，所有的知识分子都在革命的大浪淘沙中，改变着人生和命运。

抗日战争爆发后，已让书生难以摆上一张书桌，"何妨一下楼主人"闻一多无奈地随清华大学内迁，步行三千里，经长沙到昆明。从一个月拿几百大洋的优裕生活，一下子堕入平民缺衣少食的艰苦日子，为了生活，在教课之余，他有时还靠篆刻卖字补贴生活，他开始抱怨社会，不满政府。

1943 年，岁在癸未，这是民心转向的一年，国民党的道义威信正在丧失。

在重庆主持《大公报》笔政的王芸生，写下的《看重庆，念中原》社评，便是对蒋介石不满的怒吼：

> 河南的灾民卖田卖人甚至饿死，还照纳国课，为什么政府就不可以征发豪商巨富的资产并限制一般富有者"满不在乎"的购买力？看重庆，念中原，实在令人感慨万千！

国人争相传阅，成为知识分子以言报国的纪念碑。

蒋介石已意识到，癸未年乃是"天命所归的变动，民心所向的变动"之年，便推出自己的《中国之命运》一书，力挽国民党的颓败之势。但该书宣扬复古，批判五四精神，遭到广大知识分子的痛斥。作为"五四"的参与者闻一多，终于站出来说话了：

> 《中国之命运》的出版，在一个人是一个很重要的关键。我简直被那里面的义和团精神吓一跳，我们的英明领袖原来是这样想法的吗？

闻一多就从癸未之年始，走出西南联大的书斋，从埋头做学问，走到急剧变化的社会中，踏上了争民主、反独裁的不归路，完成了政治生命的涅槃，成为一名真正的战士。

他参加了新成立的民盟，积极参与民盟云南支部的政治活动。开始大量发表投枪式的反独裁的文章，还不断发表演说，声讨国民党反人民的罪行。他认为，知识分子不出来主持正义，是无耻的、自私的。

闻一多的进步表现，受到昆明中共地下工作者的关注。吴晗等人为了发展闻一多入党，特为他介绍了《联共布党史简明教材》及毛泽东的《新民主主义论》等书籍，让闻一多看到了一个令人向往的理想世界。为此，他曾表示想到革命圣地延安去看看。当时的中共方面，认为他作为一个进步的知识分子，在国统区斗争，更有意义。

闻一多一旦选择了与国民党针锋相对的对抗，就表现得一往无前，无所畏惧。昆明人都记得，1946年初，政治协商会议在重庆闭幕后，闻一多担任过在昆明举行的"庆祝政治协商会议成功、抗议重庆二一〇惨案，坚持严惩一二·一惨案祸首大会"主席。面对一万多人参加的大会，闻一多公开谴责当局杀害民众的暴行。听众群情激愤，大会成了批判国民党丑行的战场。

闻一多的革命行动，引起国民党当局的注意。我们从蒋介石1946年3月23日的日记中，看到当时的他，对一介书生闻一多等人的震怒：

> 对西南联大团员训以不法教师侮辱党国，甘为"共匪"奴属之张奚若、闻一多等应加以还击之意。

于是就有5月云南警备司令部霍揆章总司令下令所部收集李公朴、闻一多、吴晗等五十余人相关材料，后亲赴南京向陈诚汇报之举。

据资料显示，最后，由国防部发下的密令是"便宜处理"。

7月11日，李公朴被枪击喋血。15日，闻一多遭暗杀殒命。

作为新月派代表人物，被徐志摩推崇为"不仅是诗人，他也是最有兴味探讨诗的理论和艺术的一个人……我们几个写诗的朋友多少都受到《死水》的作者的影响……我方才憬悟到我自己的野性"的闻一多，从一个自由主义知识分子，几经蜕变，最终凤凰涅槃，浴火重生为一位革命者，却是铁定的事实。

"免忆朝歌老比干"，冯雪峰倾情撰写《鲁迅回忆录》

冯雪峰是一位杰出的马克思主义文艺理论家、批评家。不幸的是，他的那些深刻精当的理论观点，在"左"倾思潮此起彼伏的年代，不仅未能得到应有的积极评价，反而为他招致一系列不公正的对待。

2016年岁尾，为纪念诗人、文艺理论家冯雪峰逝世四十周年，人民文学出版社编辑出版了《冯雪峰全集》，中国作协在京主办了全集出版座谈会暨新书首发式。中国作协副主席李敬泽在座谈会上说，冯雪峰既是诗人、作家、文艺理论家，也是党的文学事业的卓越组织者、新中国文学出版事业的开创者。他一生的创作和实践，在诸多方面深刻影响着中国现当代文学的进程和面貌。他是一个大写的人，他的一生与中国人民的解放事业，与社会主义新中国的建设紧密相连。

笔者不由得想起在20世纪70年代中期，在一间破旧的弥漫着煤烟的房舍里，拜访过雪峰老人的情景。那时他的头发已经花白，苍白面容上浮着微笑。孰料不到半年，便闻说老人已驾鹤西游，不胜悲痛。后读同事、老前辈聂绀弩《挽雪峰》诗，更是不胜感慨。聂老律诗曰：

一

狂热浩歌中中寒，复于天上见深渊。

文章信口雌黄易，思想锥心坦白难。

一夕尊前婪尾酒，千年局外烂柯山。

从今不买筒筒菜，免忆朝歌老比干。

二

天色有阴必有晴，物如无死定无生。
天晴其奈君行早，人死何殊睡不醒。
风雨频仍家国事，人琴一恸辈行情。
枕箱关死千枝（支）笔，忆鲁全书未著成。

冯雪峰十年忌日，已经平反。又读到聂绀弩老的《雪峰十年祭》：

一

月白风清身酒店，山遥路远手仇头。
识知这个雪峰后，人不信愁我自愁。

二

干校曾经天地秋，归从干校病添愁。
相逢地下章夫子，知尔乾坤第几头。

聂绀弩既是黄埔毕业，与陈赓大将有深交，又是留苏学生，早年参加革命，深得鲁迅和冯雪峰赏识，抗日执笔谈兵，写出不少投枪匕首式的文章。他能分析战局，纵谈克劳塞维茨理论。杂文成就极高，他说鲁迅之后无杂文，他的杂文偏偏继承鲁迅神韵。他对古典文学的研究也有成就。1949 年后到人民文学出版社做冯雪峰社长的助手，后来也有冯雪峰式的遭遇。对冯雪峰的困难，他感同身受。他在离开世界前，写了很多旧体诗，才气纵横，堪成一绝。他写悼冯雪峰诗，是对冯雪峰也是对自己苦难的祭奠。

1

1949 年 5 月 25 日，春夏之交的上海，在这座大城市解放前一天，却有一个皎月似水、暖风拂面的夜晚。

冯雪峰按捺不住狂喜，竟然在流弹乱飞的时刻，特意穿上一直珍藏着的瞿秋白送给他的一件长衫，匆匆来到一个同志的住处。

据海宇于 1980 年写的《一件不寻常的长衫》（载《东海》第八期）介绍，继辽沈、淮海、平津三大战役之后，解放军于 1949 年 4 月 21 日，横渡长江，相继解放南京等上百座城市。5 月 12 日，淞沪战役打响，大上海的解放已指日可待。

冯雪峰闻之，欣喜若狂，与地下党组织力量一起，准备迎接大军进城。于是就有冒险到一位同志处之举。二人走到楼上露台，扶栏向徐汇方向远眺，听远方隆隆的沉闷的炮声一阵阵地传来，一待就是两个多小时，没讲一句话，但那眉宇间，却洋溢着激动喜悦……

1945 年 10 月，继重庆文艺界学习《在延安文艺座谈会上的讲话》，对抗战以来进步文艺运动的发展做出回顾和总结之后，在周恩来直接领导下，重庆文艺界又举行了几次漫谈会。

作为中国著名的文艺理论家，冯雪峰应邀参加了漫谈会，并做了一次题为"论民主革命的文艺运动"的长篇发言。这个发言在 1946 年初出版的有我党背景的《〈中原〉〈希望〉〈文艺杂志〉〈文哨〉联合特刊》连载。1947 年 7 月，又由上海作家书屋出版单行本。

对于《论民主革命的文艺运动》一文的评价，《冯雪峰评传》（陈早春、万家骥著）写道：

　　这本书是冯雪峰著作中最有理论价值的一种。它的特点是循着毛泽东《在延安文艺座谈会上的讲话》中制定的主要路线，坚决维护以鲁迅为代表的"五四"革命文学传统，或革命的现实主义文学传统，反对使文艺与政治的结合变成了机械的结合；强调文艺与政治、主观与政治、主观与客观、世界观与创作、理想与现实，以及大众化和民族形式等，都应在人民生活的新的形势下得到问题的新的开展和实践，使文艺具有民主性的新的时代特征。尽管提出的是在文艺领域，并且只看重文艺运动的总的方向，涉及的是一些倾向的本质和问题，许多地方都很疏略，但却具有广泛的思想文化意义……

　　在这部著作中，冯雪峰对当时已出现分歧的有关现实主义的许多问题，其中尤其对争论重点的主观与客观的问题发表了自己独特的见解，得出了对于作家实践和理论研究的深化具有指导意义的结论。

早在 1940 年，在新四军工作的诗人彭燕郊就与冯雪峰熟稔。但他在 2008 年回忆冯雪峰时，说的几句话，颇耐人回味：

　　他这个人，我总的印象有几点，他是很忠诚的一个共产党员，但是他毕竟又是一个文人，所以他又有些自由主义。他是一个忠诚的马克思主义者，但他又非常爱文学。马克思主义呢，作为一思想，一个学术观念是一回事，政治家运用马克思主义又是另外一回事，因为马克思主义到政治家手里就讲究现实的政治利益……

　　总的说来，雪峰这个人……甚至茅盾都一样，一方面在政治上很听党的，但是在文学上又是丢不掉自己的文学观点和文学理想。（《"那代人都很理想主义"》，载《新文学史料》总第一一九期）

冯雪峰《论民主革命的文艺运动》等文，就是针对《讲话》而发的，他"丢不掉自己的文学观点和文学理想"。

可贵的是冯雪峰一直坚持自己的文艺观。可悲的也是他一直都坚持自己的文艺观。

1946 年初，重庆的进步文艺界，为了贯彻《讲话》精神，举行了关于茅盾《清明前后》和夏衍《芳草天涯》两部话剧的讨论会。

讨论的焦点有二。其一，当时创作的主要倾向是"非政治倾向"，还是公式主义？其二，如何看待现实主义的倾向性？于是引发了一场关于现实主义发展方向的一系列问题的争论。

正在讨论中，《新华日报》文艺部曾多次向冯雪峰索稿，他就又写了一篇论述文艺与政治关系的文章《题外的话》，发在《新华日报》1946 年 1 月 23 日的第四版上。算是《论民主革命的文艺运动》的姊妹篇。

他参加长征后，党中央派他到上海做争取鲁迅的工作，做抗战工作，与周扬不睦，后又与当时的政治局委员博古吵了一架，就向潘汉年请了长假，拒不去延安汇报工作，跑回老家去搞他的文学，既没参加过延安整风，也没聆听过毛泽东《在延安文艺座谈会上的讲话》，更没经历过会间的关于不同文艺思想的激烈斗争，也没有理会周扬通过高度评价赵树理创作传递的延安政治信息，依然坚持自己的文艺观。

他在《题外的话》一文中，说的都是题内的话，既"不要将艺术的价值和它的社会的政治的意义分开"，"更不能从艺术的体现之外去求社会的政治的价值"，"必须从艺术产生的，必须借艺术的方法、的机能、的力量所带来的"，否则就容易导致公式化、概念化的后果，使文艺失去自己的价值。

到 1946 年 9 月 18 日，冯雪峰又写了《铭记（六）》（《冯雪峰全集》），文中重复他的"政治的价值"，"必须借艺术的方法、的机能、的力量"去实现。

不错，冯雪峰上述对艺术性与政治性各自相对独立的方面，论述得并不完备，但他遵循恩格斯提出的"美学与历史相统一"的辩证方法，去分析文学现象，来解释"艺术与生活、艺术与政治、主观与客观，以及作者与人民"等重要问题，这种努力是很可贵的。

2

1946 年 1 月 10 日，蒋介石召开政治协商会议，使全面内战有所缓和。就在双方亦谈亦备战的背景下，周恩来亲自找到冯雪峰，派他继续回到上海，以个人名义开展文艺界的统战工作，其党的关系放在中国驻沪联络处。

1942 年，冯雪峰被党从上饶集中营救出，第二年 6 月，他奉周恩来之命，辗转来到重庆工作。为掩人耳目，他与姚蓬子（姚文元之父）住在重庆作家书屋。此次，又是奉周恩来之命，重返上海工作。暌违九年之后，是年 2 月中旬，冯雪峰回到他熟悉的上海。

到上海后，冯雪峰找到先他回到上海的韩侍桁，韩已在天潼路天潼大厦租了一些房子，作为国际文化服务社的办公地。该社的董事长是国民党中央委员萧同兹，幕后主事者为左恭，具体管事的是韩侍桁。有这样的保护伞，冯雪峰住在这里感到很安全。

有了落脚点，他先到上海马斯南路一〇七号中共驻上海联络处报到，相互谈了一些对时局的分析和展望后，他便告辞。然后去霞飞路，拜访许广平。1937 年，他曾在她家住过三个月。那时鲁迅不幸逝世，许广平悲痛万分，带着鲁迅遗孤海婴生活。

霞飞路当年灯红酒绿、热闹喧嚣，俄、意、西班牙侨民开的夜总会、酒店、咖啡馆，如今已不见踪影，弥漫着嘈杂和败落景象。冯雪峰走进许广平住的霞飞坊。见楼下已住进不少陌生人，一种世事沧桑之感便油然而生。回想九年前，自己与鲁迅在这栋安静宽敞的楼房里品茗谈天，小海婴顽皮地在鲁迅怀里撒娇或在楼里奔跑，许广平大姐端上时令水果，让大家分享……又不禁凄然。好在重见许大姐，她依如往昔亲切热情，精力充沛，海婴也变得懂事乖巧，便感到欣慰许多，冯雪峰讲在上饶集中营里的斗争，抗战时在重庆开展文艺工作的情况。许广平谈自己被日寇逮捕吃过的苦头，以及整理鲁迅遗作的辛劳……

冯雪峰一直关心《鲁迅全集》出版之事，他与许广平、胡风商议，在鲁迅十年忌日之前出版《鲁迅全集》。许广平拿出收藏的《鲁迅全集》纸型，冯、胡、许三人商量后，胡、冯便去找姚蓬子。因当时"进步的书店都受到了国民党的种种阻碍，外地已经开始禁卖进步书刊……蓬子有国民党的关系"。姚蓬子接受出版《鲁迅全集》的动议。10 月，《鲁迅全集》两千套印出，是蓝布封面，上印"作家书屋发行"。不少进步作家认为姚蓬子已有投靠国民党嫌疑，见之心里颇有不快。冯雪峰也心感悲怆，但他却说"我们应该帮助他进步，不要让他跟着国民党危害人民"。［胡风《重返上海（之二）》］

《鲁迅全集》出版，使许广平及海婴的生活得到改善。

10 月 19 日是鲁迅逝世十周年忌日。

下午，中华全国文协等十二个文化团体，在上海辣斐大戏院隆重召开鲁迅逝世十周年纪念大会。大会由胡风主持，在沪的周恩来应邀参加大会并讲了话。沈钧儒、许广平也讲了话。除冯雪峰因有要事未出席大会外，郭沫若、茅盾、田汉等四千多人到会。

周恩来讲话说：

> 鲁迅先生死了十年了，整整的十年了。中国是从内战进入抗战，现在又回到了内战。内战是鲁迅所诅咒的，抗战才是鲁迅先生所希望、所称颂的。（载 1946 年 10 月 21 日重庆《新华日报》）

冯雪峰参加了第二天的墓祭活动。中共代表和茅盾、郭沫若、叶圣陶、周建人、许广平、周海婴等数百人来到鲁迅墓地。叶圣陶代表大家向鲁迅墓献鲜花，冯雪峰与许广平、周海婴等以家属友人的身份站在冬青树前默默祭悼。那天，他穿了一身中山装，清癯的脸上，两眼闪烁泪光……

就是从鲁迅逝世十周年纪念日开始，冯雪峰便在《文汇报·笔会》上，连载《鲁迅回忆录》，到是年 12 月 7 日《文汇报》被禁，共发表二十六篇。这一回忆录，真实地回忆了冯雪峰自 1936 年党中央派他到上海开展团结鲁迅工作的经历。包括他向鲁迅介绍传达瓦窑堡会议精神、毛泽东军事领导才能和统一战线思想等，回忆将鲁迅和毛泽东联系了起来，构成重要的历史叙述。在写成文章前，冯雪峰曾将这些故事讲给唐弢听，唐弢听后大为激动，立刻劝冯雪峰把它写出来。

1946 年，"左"的思想对鲁迅研究的禁锢尚不严重，所以冯雪峰的《鲁迅回忆录》及同时舒芜写的《鲁迅的中国与鲁迅的道路》，这样真实而富有个性魅力的文章能够发表出来。几年后，舒芜遭到来自党内的严厉批评，冯雪峰已感到"左"的东西泛滥，再写鲁迅时，不敢无拘无束了。最后，冯雪峰栽在"左"的泥潭里，其研究鲁迅是重要"罪"证之一。对鲁迅研究的僵化和政治化，活活把鲁迅推上神坛，变得面目全非了，这是一历史教训。

3

1946 年以来，国民党在准备发动全面内战的同时，对国统区的共产党发动、领导的和平民主运动也展开血腥镇压。是年 6 月，国民党逮捕中国劳动协会人员，就是一个信号。

中国劳动协会成立于抗战之初，在维护工人权益方面做了不少有益的工作。抗战胜利之后，又在党的领导下，积极参与反对内战的民主运动。

1946 年 8 月 6 日，"重庆总工会"出面，伙同军方逮捕中国劳动协会周颖女士等三十八人。

事件发生后，中国劳动协会组织干事即星夜奔赴上海，商讨营救办法。上海方面的沈可人、罗迦得知消息，首先想到冯雪峰，遂匆匆赶到其住处。冯雪峰正在一间昏暗的亭子间伏案写作，见到他们，忙请他们落座。待听完他们关于周颖被捕诉说，对反动派罪行十分愤慨。正在这时，忽闻门外有敲门之声，三人顿时警觉起来。但旋即冯雪峰就笑了，忙开门迎进骆宾基。一问，方知他也是为营救周颖而来。

经四人研究，决定立刻向中国劳动协会理事长朱学范汇报。

8 月 12 日，经与朱学范商议，决定由他出面召开中国劳动协会新闻发布会。

两天以后，中国劳动协会假大西洋西菜社，举行新闻、文艺各界招待会。在上海的各界名流郭沫若、茅盾、叶圣陶、骆宾基、胡风、唐弢、冯雪峰等纷纷到会。会上由朱学范向大家揭露重庆逮捕周颖等人的暴行，呼请各界主持公道，敦请国民党当局释放被捕者，并查办主谋，保障人权。骆宾基等也纷纷发言，声讨当局的暴行，声援受害者。

冯雪峰更是慷慨陈词，揭露当局践踏人权的罪行。

会上，郭沫若等六十八人，就此发表联合宣言；著名新闻界人士邹凡扬等也联合到会各报记者发表《声援中国劳动协会营救周颖等以保障人权致国民党当局的公开信》。

在强大的舆论压力下，国民党当局不得不于 9 月释放了周颖等人。

在营救周颖不久，冯雪峰又不顾个人安危，开始了营救骆宾基的活动。原来骆宾基刚参加完营救周颖活动，准备回老家东北探亲。此时，民盟常委周鲸文介绍骆与来自沈阳的"东北青年协会"代表陈建中见了一面，对方要求他趁回东北之际，到由东北青年协会掌控的武装"中立区"瞧一瞧，如果可能，周鲸文想到那里去呼吁和平。

骆宾基将此向冯雪峰做了报告。冯雪峰认为，如果将非党的武装力量争取过来，在敌后开展游击战争，配合我军正面战场，给敌人以沉重打击，不失为一种很好的斗争形式。于是敦促骆宾基答应下来。

根据骆宾基之《六十自述》一文回忆，1947 年 2 月，骆宾基回到东北辽阳，与陈建中也联系上了。3 月，他随陈建中离长春去哈尔滨时，被杜聿明的特刑队抓获，连夜解往沈阳。

冯雪峰得知此讯，知骆宾基处境危险，万分焦急。当夜联络骆宾基在沪好友，到安宁里见面，共商营救事宜。最后形成三点共识：一公布骆宾基被捕消息，连夜去南京设法营救；二在报刊披露骆被非法逮捕消息，发表文章和骆的照片，形成公开舆论；三以中华全国文协的名义，要求国民党释放作家骆宾基。

冯雪峰通过国民党元老邵力子做了不少工作。他还在《文艺春秋》主编范泉的帮助下，在《文艺春秋》上设题为"记骆宾基"的照片与图文专页。由冯雪峰提供骆的四张照片和一幅画像，以及骆致范泉的信函手迹，并配有这样的文字：

> 骆宾基先生于今年春离沪北返省亲，路经沈阳，被当局误会，扣留至今……

据钦鸿《记范泉主编的〈文艺春秋〉》（《新文学史料》2009 年第一期）一文介绍，在冯雪峰的策划组织下，作家纷纷在刊物上发表关于骆宾基的文章，给国民党当局形成一定的压力。

到 1949 年春，骆宾基在冯雪峰等人的营救下，免于罹难，在两名特务的伴随下被"开释"出来。当夜，在《大公报》驻南京记者办事处的同志帮助下，骆宾基甩掉"包袱"，乘火车回到上海，向冯雪峰汇报在狱中的斗争情况后，又星夜经香港，到了华北解放了的土地上。

1947年2月，上海笼罩在严寒和恐怖之中。国民党命令中共驻南京、上海等地担任谈判联络工作的代表撤出，也关闭了和谈的大门。

4

1947年10月，正是秋风萧瑟的时候，却也是时局发生重要转折的节点，冯雪峰写了《〈丁玲文集〉后记》。

当时，受出版社之约，冯雪峰从丁玲1941年之前的作品中，按年代选了《梦珂》《莎菲女士的日记》等作品，编了一本《丁玲文集》，并写了这篇后记。研究中国现当代文学史的学者，都认为《〈丁玲文集〉后记》是冯雪峰一篇闪烁着马克思文艺思想的重要的文艺批评文章，其持论公允，实事求是，至今仍有生命力。

五年之后（1952年），冯雪峰在丁玲的《太阳照在桑干河上》获斯大林文艺奖两个月后，写了洋洋洒洒近万字的评论文章《〈太阳照在桑干河上〉在我们文学发展上的意义》。文章高度评价了这部小说和赞美了丁玲，认为小说是社会现实主义的重要收获，他说：

> 这一部艺术上具有独创性的作品，是一部相当辉煌地反映了土地改革的，带来了一定高度的真实性、史诗似的作品……可以说是一幅相当辉煌的美丽的油画。

又过了三十一年，1983年，经历了命运坎坷的丁玲，在这年春天的第一届冯雪峰研究学术讨论开幕式上，动情地讲道：

全国解放，我们在北京又见到了。他第一句话就说：《桑干河上》写得好！ 1952 年他写了一篇评论文章。经过几十年的风风雨雨，评论我作品的文章很多，但是我觉得有些文章，都是在雪峰论文的基础上写的，难得有个别篇章、个别论点，是跨越了他的论述。（《深挚的爱》，载《新文学史料》2008 年）

冯雪峰和丁玲，是彼此相知其人，亦知其文的真正知己。这种相知，超越了爱情。

曾在《中国作家》当家的张凤珠大姐与笔者很熟，因开会经常见面，也常聊文坛见闻趣事。谈丁、冯时，她曾说："雪峰对丁玲可以说是感情深厚！"大姐讲过两件小事，证明此语不虚。

一次，当时给丁玲当秘书的凤珠大姐，奉命去雪峰家取一文件，雪峰很热情地关切询问丁玲的情况，生活、身体、起居、工作问得很多、很仔细。她一一回答后，告辞出门，雪峰将她送到大门外。她走了很远，回头看时，雪峰还站在那里远远相望。她说，因为我是丁玲的秘书。

20 世纪 50 年代初，丁玲、冯雪峰先后都担任过中国作协党组书记，都当过《文艺报》主编，二人交往很多。到 50 年代中期，二人又都遭到错误批判。一次，在批判他们二人的党组扩大会议上，冯雪峰发言时，丁玲突然打断他，说："我知道，你那样讲，都是为了维护我！"闻此，杀气腾腾的批判会，竟然一片沉默。在场见到这一幕的凤珠大姐，后来十分感慨地说，都什么时候了，二人还相互惦着呢！

还有一件事，是笔者亲身经历的。辛未羊年（1991 年），人民文学出版社搞庆祝建社四十周年活动，笔者被派到广州，宴请那里的文艺界老朋友，其中有赖少其先生。赖老邀笔者去他家的画室，谈到人民文学出版社第一任社长冯雪峰，说 1941 年 2 月，皖南事变之后，冯雪峰被国民党逮捕，与自己同关在上饶集中营，受苦役和疾病的折磨。冯雪峰曾对自己讲，支撑他坚持斗争的，是一双美丽的大眼睛。自己根据雪峰的描述，画出了这双美丽明亮的大眼睛。北平解放后，1949 年 7 月，在那里召开了中华全国文学艺术工作者代表大会，丁玲、冯雪峰都被选为大会主席团和常务主席团成员，赖少其当选中华全国美术工作者协会全国委员会成员。赖少其在会上第一次见到丁玲。赖少其说，见到丁玲，我立刻就想到冯雪峰在上饶集中营中说起的那双大眼睛。他沉思了一会儿，又说，那双大眼睛伴随了冯雪峰的一生啊。

1931 年 8 月，二十七岁的丁玲曾写《不算情书》和《给我爱的》两篇诗文，是献给冯雪峰的，那诗文中充满了浓烈炽热的情感。到了 1979 年 4 月，丁玲从山西回到北京，便写了《悼雪峰》，回忆两人五十年的交往，用"人之相知，贵在知心"八字，表达他俩贯穿一生的真挚的情感。

这种真挚的情感不动声色，深藏心底，刻骨铭心……

第二章

民国三十六年
（1947年）

张恨水创作小说走"现实主义
道路"；曹禺创作电影《艳阳
天》；赵树理决心做一个"文
摊文学家"

1947 年 2 月 15 日，傅斯年在南京《世纪评论》发表《这个样子的宋子文非开不可》，炮轰"四大家族"，各地报刊纷纷转载，举国瞩目。胡适读之，在自己当日日记上，借用成舍我在他主办的北平《世界日报》用的"傅斯年要革命"一语，予以支持。

傅斯年又于 3 月 1 日，在《观察》周刊发表《论豪门资本之必须铲除》，锋芒直指国民党权贵。同时，马寅初也在上海《文汇报》发表文章，抨击豪门资本，形成社会舆论，震撼摇摇欲坠的蒋家王朝。

3 月 2 日，北平各高等学校的教授二百多位，在报上联合发表声明，抗议国民党当局，违反宪法，非法拘捕人民。

3 月 8 日，朱自清、陈寅恪、金岳霖、俞平伯等十三名教授联名在《观察》周刊发表《保障人权》宣言，声援高校教授，抗议国民党当局非法拘捕人民。

内战愈演愈烈，连天的炮火声，几乎淹没了由知识分子掀起的呼吁和平、民主、自由的声音。但正是广大的知识分子如朱自清、金岳霖和傅斯年的发声，与解放军的炮火形成强大力量，直捣蒋家王朝。

"昂首天外亦豪哉"，《新华日报》肯定张恨水小说为 "现实主义道路"

1947 年 8 月 17 日，正是北平三伏天，酷热灼人。北平的《新民报》开始连载张恨水的长篇小说《五子登科》。

几天以后，有一出京剧《法门寺》，在一家大戏院上演。这是北平新闻界同人组团演出的。剧中，有四个跑龙套的校尉，挥旗登场，众人定睛一看，那四个校尉是张恨水和北平三大报社的社长分别扮演的。三大报社社长皆是近视眼，都戴着眼镜，张恨水不近视，为求艺术效果，也戴上眼镜。四个校尉在锣鼓声中一字排开，四副眼镜在灯光照射下明晃晃，俨然如"四进士"，台下就笑翻了，接着掌声、喝彩声连成一片。

张恨水酷爱京戏。当年，"民国三大贤"梅兰芳、杨小楼、余叔岩联袂演出时，囊中羞涩的张恨水，宁可饿着肚子，将一天的饭资买一张戏票，坐在戏院中，听三位名角唱戏。张恨水不仅爱听戏，平时还爱模仿，唱上几句过瘾。在办《南京人报》时，正值盛夏，一个人住在报社，常常以唱京戏打发寂寞。一日，他身着白绸衫，手持纸扇，迈着八字步，摇头晃脑，有板有眼唱道："大老爷打罢了退堂鼓，御前来了我宋江……"不料，漫画家刘元到报社送画稿，穿了一身墨绿色的洋服，那条红色领带更为打眼。张恨水见状，忙改京剧念白道："惨绿少年，你来了……"大家哄笑，刘元更大笑不止。

张恨水有时还当票友，登台过戏瘾。癸酉年（1933 年），一位同人给母亲做寿，北平报界为他搞了一次票友堂会，唱的是《乌龙院》。主人事先告知诸友，并在排演员表时，在醒目位置写上"小说家张恨水"，各方听闻，纷纷一睹为快。

张恨水扮演丑角张文远。众人一见他一瘸一拐，画着白鼻子登台亮相，就已笑声四起，再听他一口安徽腔念白，更是大笑。那唱旦角的，上台并不照剧本台词，存心逗张恨水道："张恨水是谁呀？"

张恨水一怔，但很快就答道："是我的徒弟。"

旦角又问："我听说你的徒弟是有名的小说家，你怎么没名呀？"

台下听众都愣了，张恨水从容答道："有道是，有状元徒弟，无状元师父呀！"

台下顿时掌声四起，喝彩声连成一片。张恨水下台，有人问，你怎么一瘸一拐在台上出洋相？张恨水笑道，有人在我靴子里放了图钉，害惨我了。

此次堂会，在北平知识界传为美谈，张恨水书迷闻之，更是迷恋这位大作家。

张恨水此次演出《法门寺》，以校尉出现，似宣告一位文坛小卒，又到北平粉墨登场，开始拱卒过河了。

期待多年的张迷们，回想起十五年前，张恨水的成名作《春明外史》和后来北平《世界日报》连载的《金粉世家》引发轰动的情景，真是恍如隔世，唏嘘不止。九一八事变后，北平张恨水书迷陆续读到张恨水以极大的爱国热情，写出的以抗御外侮、激励民族奋进为主旨的《弯弓集》《满城风雨》《太平花》《杨柳青青》(又名《东北四连长》)、《啼笑因缘续集》《鼓角声中》《中原豪侠传》《燕归来》《小西天》《艺术之宫》《巷战之夜》《大江东去》《虎贲万岁》《八十一梦》《水浒新传》《牛马走》(又名《魍魉世界》)等鸿篇巨著，达四百万字，尽享阅读的饕餮盛宴。如今再读新作，真是欣喜若狂。

同时，张恨水离开北平后，特别是抗战期间，署他之名的伪书，猖狂流行，泛滥成灾，也曾让读者上当受骗。张恨水曾无奈地说："不肖文人作了小说，冒我的名字揭载，实为损人利己之勾当。"

民国三十二年（1943 年），老舍夫人到重庆，见到张恨水，告诉他北平和华北乃至东北，伪造他书的很多。老舍夫人说："您不用惊讶，那都是假的，看过张恨水的人，一翻书就知道，那笔路太不一样了。"

当时，张恨水以为欺世盗名的伪书大概不会太多，并未介意，但等他回到北平，看到广告，查了书摊上的书，发现伪书竟达四十几部之多，让他大吃一惊。他愤慨且无奈地说：

> 这些作伪书的先生们，太给我捧场了，自己费尽了脑汁，作出书来，却写了张恨水的名字，这不太冤吗？不过看了书的内容，甚至一看书的名字，就知道太冤的是张恨水，而不是作伪书者。

这些伪书里，有一部叫"我一生的事情"。张恨水一生的事情，由"张恨水"写出了一本不折不扣的黄色小说。买来看者，有喜欢低级趣味的人，有好奇的人，有怀疑的人，还有替张恨水爱惜羽毛的人。他们读后，会有各种反应，受伤害者却只有张恨水本人。"而作伪书者，其计得就矣"。

对这种恶意中伤别人而又谋利者的行为，受糟蹋的张恨水，意气难平，他认为，这种造伪书者，"不仅仅是骗读者的钱，对张恨水是恶意的侮辱"。

张恨水回北平办《新民报》时，在经理室有位工友，就曾拿着一本香艳肉感的"张恨水"伪书看得起兴。同事拿给"作者"过目，张恨水忙解释，这是一本伪造的劣等书，劝他不要再看之后，着实难过了几日。

其实，伪书张恨水早在重庆时就得知。一次，四川省水利厅长何北衡设宴招待张恨水，席间谈及伪造张恨水之书的事，何问张："你恨不恨这些人？"

张恨水一脸严肃答道："我独恨你！"

于是，举座皆惊。

张恨水见状，忙笑曰："我一生恨水，所以取名恨水，而何厅长偏爱水，大搞水利，专门与我作对，我当独恨你了。"

众人闻之，哄堂大笑。那时，张恨水尚不知伪造书之泛滥，倘知，哪里有闲心斗趣。

彻头彻尾的伪书，终究难逃读者法眼，加之张恨水出面澄清，两三年后，自生自灭了。令张恨水为难的是半伪书。半伪书者，即把张恨水的书，经过删改，或给它割裂了，却还用他的大名出版，容不得你承认还是不承认，这既让张恨水啼笑皆非，又令他无法抵制。比如，他刚刚在《晶报》上发表《锦绣前程》小说，还未载完，上海一家书店就改名"胭脂泪"出版了。更令张恨水所难容忍的，是小说还被加了许多空洞堆砌的华丽文句进去，一会儿高雅，一会儿低俗，与原文极不和谐。

他写《斯人记》长篇小说，用章回体，结果被更名为"京尘影事"。将一回改分为两回，把全书分为两集，章法混乱，文不对题。乱加乱改，使张恨水的作品变成下流文章。伪书在伪满洲国，在华北、华东沦陷区传播多年，令张恨水只能"太息久矣"。

有点儿扯远了，伪书之泛滥，可侧面反映张恨水的小说深受大众欢迎。其著作之丰，其作品质量之高，一般作家只能望其项背。

1

张恨水回到北平，便有长篇小说《五子登科》亮相《新民报》。连载多日，却未载完，直到1957年，才由上海文化出版社出版全本。

《五子登科》发表之前，3月19日国民党占领延安，反动气焰正是十分嚣张，对新闻界、文学界管治整肃也更加严酷之时。《新民报》在重庆、南京、成都等地已先后被查封取缔。

就在这种背景之下，作为《新民报》北平的负责人之一，张恨水勇敢地关注 5 月 20 日，在共产党支持下北平学生举行的反内战、反饥饿的示威游行。当晚，国民党北平市党部头目吴铸人，亲自坐镇新民报社，下令只许刊登按他们指示编造的中央社消息。张恨水却用电话通知《新民报》总编辑方奈何，告诫他要慎重处理中央社这条消息。方奈何经过权衡，为了报纸免遭国民党查封噩运，在中央社消息前面加上"西单昨发生流血惨剧"的领题，刊在了要闻版的右上角。在社会新闻版刊登出了记者的专访稿，对事实真相做了一定程度的报道（见《写作生涯回忆》）。

作为作家，张恨水以其良知和道义在《新民报》上发表了《五子登科》。

《五子登科》，不再是张恨水抗战之后，描写异族侵略和中国抗战，歌颂英雄慷慨赴难、视死如归的抗敌精神那类小说。而是反映抗战胜利之后，国民党派遣接收大员收复光复后的大城市，勾结日伪时的汉奸，掠夺胜利果实，让人民失望痛恨的勾当。这是在国民党反动气焰十分嚣张的当时，国统区里极为少见的作品。

小说中的主人公是接收专员金子平，受命从重庆飞到北平，接管那里的政权和敌产诸事。金到北平，非但不严惩汉奸，反而与日伪汉奸刘伯同、张正诚等不分轩轾，沆瀣一气，目迷五色，堕落腐败，厚颜无耻，"劫收"票子、房子、女子、车子和金子，侵吞公产。

张恨水以其对现实的敏锐观察，以其可贵的良知和勇气，在国民党以为胜利已掌控在手，而气焰十分嚣张的时候，通过《五子登科》写了来自反动政权的两个人物金子平、刘伯同，灵魂同样丑恶肮脏，一个行将走向坟墓，一个已经绝命断气。将斗争的锋芒指向国民党政权掠夺人民的反动本质及其走向灭亡的必然。

《五子登科》采用新闻纪实手法，耳闻目睹，有真实的背景，让读者大快朵颐，但因小说过于堆砌琐事，笔墨过多注重国民党内的鼠窃、狗盗之徒，予以简单讥讽，冲淡了对国民党种种丑恶的鞭挞和愤激嘲讽。在艺术上缺乏审丑的美感和深刻的寓意。

在《五子登科》之前，张恨水还写过《巴山夜雨》和《纸醉金迷》两部长篇小说。《巴山夜雨》连载于《新民报》，小说描写抗战时期动乱的生活景象与人们真实的生存状态；《纸醉金迷》连载于上海《新闻报》，写的是对丑恶社会现实的诅咒与金钱异化人性的现象。两书都以重庆为背景，张恨水说，重庆的"币制一直紊乱，物价一直狂涨，对于国民党的金融政策谁也不敢寄予丝毫的信用，自由职业者，就非常的痛苦，尤其是按字卖文的人，手足无所措"。月初，千字的稿费，可买两三斤米，到月底半斤米也买不到了。他自己写的长篇《岁寒三友》《马后桃花》换不来米下锅，写了一半就放弃了。为了早点拿到稿费，他改写中篇《雾中花》《人迹板桥霜》等，才勉强糊口，自己经历的有切肤之痛的生活，催生了《巴山夜雨》《纸醉金迷》，"自己是作了一个深刻的纪念"。

2

张恨水是丙戌年（1946 年）1 月 5 日，从汉口乘"东亚轮"，顺长江到南京的。小轮船驶在长江上，冬日的江岸，依然满目青翠。凭栏远眺，思绪万千……

张恨水记得自己是 1938 年 1 月 10 日由南京抵达重庆的。今日告别重庆，整整八个年头。那年初到山城，经老友张友鸾介绍，结识了即将复刊的重庆《新民报》总经理陈铭德，二人一见如故，张恨水被聘为该报主笔兼副刊主编。

《新民报》复刊伊始，张恨水即在自己主编的副刊《最后关头》上，发表了自己的长篇小说《疯狂》。关于为什么起书名"疯狂"。后来，他回忆说："我对这事（指汉口请缨），非常愤慨，觉得有爱国而发狂的所在，所以我就写了这篇小说。"

所谓"汉口请缨"，指的是 1937 年，张恨水从南京到汉口，其四弟牧野，劝他不要西进，主张丢掉由南京运到汉口的那些印刷机器，到大别山区打游击，直接抗日救国。那些同乡青年，群情激奋，跃跃欲试。张恨水早有一腔抗敌报国的热血，便代表大家给当时国民党第六部呈文，表示抗日决心，希望给予承认支持，不料遭到严词拒绝。

可惜，《疯狂》"到写完的时候，几乎变了质"。张恨水很沉痛地说："这是我抗战军兴后，第一次写作的失败。"

1938 年是戊寅年，2 月 24 日，重庆《新民报》张恨水主编的副刊上，在醒目的位置，发表了醒目的文章《怒吼吧，八路军！》。文章对共产党的八路军英勇抗战寄以深切的期望，给山城吹来一股清风。

这一年初春，中华全国文艺界抗敌协会在武汉成立，张恨水当选为理事。是年，他撰写了《冲锋》《征途》《游击队》《桃花港》等长篇小说，成为全国最高产的作家。

己卯年（1939 年）6 月，蒋介石一手制造了"平江惨案"。湖南平江新四军指战员惨遭屠杀。张恨水闻之，异常愤怒。当他接到当时共产党驻重庆代表成员之一董必武寄给他的一份相关讣告，提笔写下一副挽联：

抗战无惭君且死，同情有泪我何言。

由张效良转文董必武，次日《新华日报》刊出。表达了爱国知识分子对新四军冤魂的祭悼，对国民党暴行的谴责。

这年年底，张恨水在重庆《新民报》上，开始连载长篇小说《八十一梦》，至 1941 年 4 月 25 日结束。《八十一梦》一经发表，即受到广大群众和文学界欢迎，单行本出版后，成为大后方最畅销的小说，连延安都印制出版，这在当时是绝无仅有的。小说以散文体，效仿"寓言十九，托之于梦"的手法，对国民党统治下的陪都官场的腐败和种种黑暗现象进行揭露和鞭挞。故自《八十一梦》连载始，便引起国民党方面的注意。张恨水的来往信函受到检查，其活动也受特务监视。

一日，张恨水同乡××设宴招待张恨水，似叙同乡之谊，但酒桌上突有"是否准备到息峰休息两年"的言辞。张恨水后来得知，此公乃秘密受特务头子戴笠之旨，以此相恫吓，意在让张恨水不要再将《八十一梦》写下去。在这种压力之下，张恨水"被迫草草结束全书"。但在书前的楔里，他将此书称为"鼠齿下的残余"，公开表达了对国民党迫害的不满。即便"草草结束全书"，《八十一梦》流传到延安，周恩来仍予以高度称誉。

除《八十一梦》外，这年张恨水还创作了《蜀道难》《秦淮世家》《潜山血》等长篇小说。偶尔还发表一些诗词，针砭时弊，如在一首诗中有"日暮驰车三十里，夫人烫发入城来"句。山城人朗朗而读，以讽刺蒋、宋、孔、陈四大家族之骄奢淫逸。

到庚辰年（1940 年），张恨水的长篇小说《水浒新传》在已成为孤岛的上海《新闻报》上连载。全书写梁山英雄接受招安之后，在金兵入侵之时，随张叔夜开赴前线，奋勇抗金，终于血染沙场、为国捐躯的故事。小说既写了英雄慷慨赴难、视死如归的抗敌精神，还描写了北宋王朝中主和派贪赃枉法，出卖民族利益，致使梁山英雄腹背受敌的可耻行径。小说发表之后：

汪精卫和日本人对此书都非常的不满，但说的是宋代故事，他们也无可奈何。（见《写作生涯回忆》）

《水浒新传》在结构情节、人物塑造、景物描写及语言运用上，都下了功夫，成为现代章回小说中，一部思想性与艺术性结合很好，又具时代精神的优秀作品。也是抗战文学中的佳作。

是年，在中外记者代表团踏上陕北土地，访问延安时，毛泽东曾对重庆《新民报》主笔赵超构说：

> 《水浒新传》这本书写得好，梁山泊英雄抗金，我们八路军抗日！

这一年为龙年，应是文人腾飞出海之年，但一贯多产的张恨水却突然减产了。先读他的半阕《浣溪沙》：

> 过了黄昏摸黑坐，无灯无烛把窗开，等她明月上山来。

写的是无油点灯，无钱买烛。张恨水全家搬进重庆市郊南温泉桃子沟，住在文协的三间草房里，因房内漏雨，自嘲为"待漏斋"，后因念沦陷故土，后又改"北望斋"。那时，重庆物价飞涨，民不聊生，靠稿酬生活的文人日子艰辛。当时最高稿酬千字千元，一盒华福牌香烟也卖一千元，写小说养活不了自己。所幸张恨水在《新民报》拿的工资还勉强糊口，除了给《新民报》写稿子外，已"死了那条卖文的心"。于是闲时看看书架上的几套破书，或念"无师自通"的英文，或画"无师自通"的画，或是找邻居"摆摆龙门阵"。

日子过得穷极无聊之时，竟天降福分，张恨水突然有了意外收获。太平洋战争爆发之后的辛巳年（1941 年），香港、新加坡皆被日军占领。这时，上海书商将张恨水的旧作重新出版，换上崭新光鲜的封面，运到香港、新加坡去卖。一部分又由香港转到重庆等内地销售。出版者还算有良心，将版税寄给张恨水。重庆有关出版者，将这些书又在重庆重印，将百分之二十的版税付给张恨水。出版种类竟达二十多种。这样，从1942年至1945年，张恨水每月所得版税，超过薪水的十倍。

有钱，日子就过舒服了。创作的激情重又复萌。就有长篇小说《牛马走》在重庆《新民报》上连载，出单行本时，改名"魍魉世界"。

《牛马走》以抗战时期的陪都重庆为背景，抨击那些不顾民族危亡而醉生梦死的国民党权贵，揭露发国难财的不法商人的丑恶嘴脸，寄同情于普通老百姓。"牛马走"语出《汉书·司马迁》，"太史公牛马走"，为司马迁自谦之词，走，犹仆也。张恨水以《牛马走》喻指人民大众过着牛马不如的生活，同时也比喻和批判甘受金钱驱策的另一种"牛马"。让读者感到它像是《八十一梦》的叙事续篇。

这年岁尾，张恨水在重庆《新民报》开设了《上下古今谈》专栏。他在《〈上下古今谈〉开场白》中说，设此专栏是"为了调剂篇幅上的情趣"，因为"上至宇宙之大，下至苍蝇之微"都要说一说，所以起名"上下古今谈"，可"歌功颂德，则同人早觉非当今之需要……铸鼎燃犀，谈何容易"？所以希望文章"只谈些不相干的事情"。

张恨水自当日起，每日一篇，写了三年半之久，约有千篇，计百万字。此乃张恨水杂文代表作，独具风格。杂文多因时因事因人而发，调动平生所学，多为隐讳讽刺国民党社会黑暗之篇，短小精悍，趣味十足。

壬午年（1942年）、癸未年（1943年），张恨水主要写时评，如《中国民族素质不弱》《有钱派钱，有力派力》等。壬午年秋，重庆《新民报》邀请周恩来做一次形势分析报告。

一天晚上，月色如水，重庆郊外华一村陈铭德先生家中，格外热闹，周恩来准时到陈家，与陈铭德、罗承烈、张恨水等进步人士亲切交谈。周恩来分析了抗战时局，回答诸人的问题。特别当着张恨水的面，对《八十一梦》给予热情肯定：

> 同反动派作斗争，可以从正面斗，也可以从侧面斗。我觉得用小说体裁揭露黑暗势力，就是一个好办法，也不会弄到"开天窗"，恨水先生写的《八十一梦》不是起了一定作用吗？（《写作生涯回忆》）

张恨水听了，心里甚为高兴。是年，在周恩来的指示下，八路军驻渝办事处与张恨水加强了联系，曾几次把延安生产的小米、红枣赠送给他。

甲申年农历四月二十四（1944 年 5 月 16 日），是张恨水五十寿辰。1943 年，张恨水在重庆《新民报》发表《郭沫若、洪深都五十了》一文，借为二人祝寿，表达自己为文艺发展尽力的决心。如今轮到他也五十岁了。重庆的文协、新文学会和《新民报》等联合发起为张恨水祝寿的活动。

张恨水几次婉言推辞无果，便逃到南温泉避寿。寿星不在，祝寿活动依然热热闹闹举行。农历四月二十四那日，重庆《新华日报》发表专文，为张恨水贺寿。文中在评价其创作时，说道：

> 他的小说与旧型章回小说显然有一个分水岭，那就是他的现实主义道路……无不以同情弱小，反抗强暴为主要的题目。

同日，重庆各报发表祝寿文章竟多达几十篇之多，其中有潘梓年、罗承烈、老舍等人的祝寿专撰。文界颇为热闹。

等热闹过后，从南温泉归来的张恨水，颇为感动，在重庆《新民报》写了一篇《总答谢》，副标题是"并自我检讨"，除向诸友表达谢忱之外，还专门阐明了自己的创作与"鸳鸯蝴蝶派"作品的主要区别。多年来，文坛多以"鸳鸯蝴蝶派"来界定张恨水的小说，硬把张恨水的小说划为通俗小说范畴。比如《中华文学通史》，就专门有一章曰"张恨水与其他通俗小说作家"。其实，较之有人说张恨水为"鸳鸯蝴蝶派"，他们说得还比较客气。关于"鸳鸯蝴蝶派"，笔者在《民国清流2：大师们的"战国"时代》一书的《被误读的"鸳鸯蝴蝶派"包天笑、周瘦鹃》一节里，做了阐述：

> 被鲁迅或某些人称为"鸳鸯蝴蝶派"小说的，是以上海为中心，成形于明末清初，火爆于"五四"之后，或用文言或用白话书写的小说。它们已超越了志怪、传奇、讲史、神魔、狎邪、侠义、公案小说的遗风流韵，在新思潮的影响下，更多关注社会、世道、婚恋和人生。以雅文学自居者，即以调侃、戏谑并带贬义地将这类一开始多写才子佳人后来又着重表现婚姻、家庭及某些感喟人心多变、世道歧路的作品称为"鸳鸯蝴蝶派"作品，这既失之公允又不准确，更显示这些论家和史家的审美能力的低俗。

想起20世纪20年代末至30年代中期，文学研究会和左翼作家联合批判否定"鸳鸯蝴蝶派""恶趣味"时，就无视了叶圣陶早期作品，林语堂《京华烟云》，张恨水《啼笑因缘》《金粉世家》，包天笑《上海春秋》，周瘦鹃《风雨中的国旗》等批判社会不公、讽刺社会黑暗的现实主义内容及其中老百姓喜闻乐见的艺术手法。对其采取虚无主义、宗派主义全盘否定，一棍子打死的错误态度。抗日战争时期，正是张恨水的小说，写出了抗日战争年代中国人民浴血奋战的英雄主义，呈现了那个年代动乱的生活景象与人们真实的生存状态。但即便如此，他们还在说"张恨水的作品是小说，而茅盾、鲁迅的作品是文学"。当时，施蛰存就站出来，为张恨水打抱不平，认为茅盾、鲁迅作品在抗战时，门槛太高，而张恨水的小说反映现实生活，故深受人民大众的欢迎。张恨水以良知和道义，半生辛勤耕耘，始终以最大热情表现普通百姓的性格命运，反映他们的情感愿望，形象地概括了近半个世纪中国历史的变迁。他的小说是一幅充满百姓生活意趣与民俗市井风情的清明上河图式的社会生活长卷。为此，张恨水赢得了读者的尊重和赞誉。

对这样一位"国内唯一的妇孺皆知的老作家"（老舍语），创作了近三千万字的针砭时弊，拆穿军阀、国民党虚伪黑暗的真面目的作品的作家，冠以"鸳鸯蝴蝶派"或通俗小说作家之名，这公允吗？

张恨水在《总答谢》阐述自己的创作与"鸳鸯蝴蝶派"之不同，是受了多年的委屈，如鲠在喉，不吐不快：

> 我毫不讳言地，我曾受过民初蝴蝶鸳鸯派的影响，但我拿稿子送到报上去登的时候，上派已经没落，《礼拜六》杂志，风行一时了。现代人不知，一位蝴蝶鸳鸯派就是礼拜六派，其实那是一个绝大的错误。后者比前派思想前进得多，文字的组织也完密远过十倍。但我这样说，并不以为我是礼拜六派，还胜鸳蝴派。其实到了我拿小说卖钱的时候，已是民国八九年，礼拜六派，也以五四文化运动的巨浪而吞没了。我就算是礼拜六派，也不是再传的孟子，而是三四传的荀子了。二十年来，对我开玩笑的人，总以鸳鸯蝴蝶派或礼拜派的帽子给我戴上，我真是受之有愧。我绝不像进步的话剧家，对文明戏三字那样深恶痛绝。

张恨水以"自我检讨"的方式，略带调侃地给那些左翼批判家补了补文学知识课，让他们无话可说。他们之所以不再喋喋不休地聒噪了，是因为他们看到《新华日报》刊文认定，张恨水的小说走的是"现实主义道路"！时至今日，中国文学史并没有真正认识张恨水的小说，这真是文坛的荒诞的悲剧。

乙酉年（1945 年），日本投降，8 月 28 日，毛泽东率中共代表团飞抵桂子飘香的山城重庆，与蒋介石进行和平谈判。在渝期间，毛泽东与各界代表举行过多次座谈。毛泽东曾在一次会谈中，接见张恨水，主宾相谈甚欢。1944 年，《新民报》主笔赵超构随中外记者访问延安时，毛泽东特意向赵超构询问张恨水的近况，并让赵带话，希望张恨水得便时到延安看看。这次晤面，毛泽东肯定了张恨水创作上的进步倾向。张恨水深受感动。临走，毛泽东还将从延安带来的红枣、小米各一袋赠送他。这次与毛泽东见面，给张恨水留下太深刻的印象，他不断对友人说："毛先生真有学问！"

1945 年 11 月 14 日，《西方夜谭》副刊上，首次发表毛泽东的词《沁园春·雪》，震撼山城。张恨水到编辑部才看到此词，大加称颂。有人提议："您和他一首如何？"善于诗词的张恨水连连摆手，真诚地说："岂敢岂敢，我哪有那么大的气魄呀！"

国共和平谈判后，国民政府为各界对抗战有特殊贡献的文武官员和社会贤达，颁发了"抗战胜利"勋章，张恨水名列其中，此乃对以文学为武器参加伟大抗战的文化人之一大褒奖。论作品之丰，质量之高，影响之大，张恨水当之无愧。

往事真的并不如烟。张恨水在船头，看萧瑟青峦，望滔滔一江寒水，回忆抗战往事，历历在目，诚如他在《悠然有所思》所云，"幽影弄虚窗，依稀无几日。悠然有所思，人生良飘忽"，"当日青春时，嬉戏无所惜。壮举今日半，往事空追忆"，"悠然有所思，背手立斜晖。西风挥落木，北雁尚南飞"。

3

丙戌年（1946 年）2 月 15 日，张恨水吟着杜甫"白日放歌须纵酒，青春作伴好还乡"的诗句，偕全家去安庆拜望久别的老母后，顾不得陪老母多待几天，又只身来到北平。他是应陈铭德之邀，到北平创办北平《新民报》的。

不久，即到"军事调解处执行部"，拜见共产党部队代表叶剑英。此次见面是由马彦祥、徐冰介绍张恨水的情况后，叶剑英才决定见他的。

当时，北平不少人见到重返北平的张恨水，大吃一惊，因为他们很早就从报上得知张恨水已殁了。根据是张恨水写的一首诗：

> 屋草垂垂怯朔风，斋窗病卧一衰翁。
>
> 弥留客里无多语，埋我青山墓向东。

此诗在全国各报皆刊载过，张恨水的书迷们以为是其绝笔，莫不哀痛。今日又见张郎面，大家自然又惊又喜。

北平《新民报》设在东交民巷西口瑞金大楼。印制设备已购齐全。经过总编辑方奈何、主编马彦祥和张恨水一番筹划，《新民报》就开张了。在张恨水的建议下，报纸以副刊取胜，设《北海》《天桥》和《鼓楼》三个副刊。《北海》由张恨水负责，专刊文学、掌故、逸事。4 月 4 日，《新民报》创刊，发行了一万多份，成为北平一份重要的报纸。

接下来，《新民报》上又见茅盾的中篇小说《生命之一页》、老舍的长篇笔记《八方风雨》，还有章士钊、郭沫若、柳亚子、沈尹默、于右任的诗文。深受读者欢迎。

张恨水在创刊的第三天，在《北海》上发表讽刺诗《重庆客》：

> 先持汉节驻华堂，再结舟车返故乡。
>
> 随后金珠收拾尽，一群粉黛拜冠裳。
>
> 恢复幽燕十六州，壶浆箪食遍街头。

谁知汉室中兴业，流语民间是劫收。

昂头天外亦豪哉，掠过黄河万事哀。

解得难民恩怨在，逢人不敢说飞来。

这是《五子登科》的诗歌版，揭露国民党大员下山劫夺公产的丑态，针针见血，刀刀毙命。

报社为张恨水租了一座四进四合院，在北沟沿甲二十三号（一说在砖塔胡同）。房舍宽敞，更显孤独，他只好每天拼命工作和写作，闲暇时，在院里栽树种花，并购置《四库全书》浓缩本，有两千多册的《四部备要》码在红檀书架上。春暖花开时，在书房写作读书，很是惬意。于是，张恨水买下该四合院。

友人知张恨水爱菊花，秋来时，让伙计搬来一盆雪白，一盆紫红。刚刚摆在中院廊下，竟然有两只蝴蝶翩然飞来，绕菊花盘旋。众人称奇，便对张恨水道："这般光景，恨水兄可有诗乎？"

张恨水脱口而吟道："怪底蝶来容易去，嫌它赤白太分明。"

友人会意，笑曰："个性难改呀。"

北平和平解放，解放军进城。一部分解放军战士借住张家前院，睡在枯草垫的地铺上，每日清扫庭院，绝不进内院一步，给见多识广的张恨水留下极深刻的印象。大约就在解放军排好队，向他行军礼撤出院子之后，张恨水存在私人银行一生的积蓄，被人骗走，加之报上说恨水是国民党特务，他气急之下，突发脑出血，几近瘫痪。为了治病，家人不得不卖掉这座大四合院，另购砖塔胡四十三号一个小院。这是后话。

戊子年（1948年），张恨水辞去《新民报》的所有职务。

新生活，正在召唤他，不久，张恨水接到叶剑英发给他的一张请束，他高高兴兴地走进北京饭店……

曹禺创作电影《艳阳天》，巴金评价"是件可喜的事"

1

1947年1月，曹禺结束一年的美国文化之旅，回到上海。

经当时著名电影戏剧导演黄佐临的引荐，曹禺加盟上海文华影业公司。没多久，曹禺完成了电影剧本《艳阳天》的创作。

1946年，曹禺与老舍被美国国务院邀请，以民间文化人的代表身份出访美国。到达美国之后，他与老舍到处讲学、访问、开会、接受采访，日程安排满满的。他和老舍除了拜会旅美的德国著名戏剧家布莱西特外，还特意参观了世界著名的美国电影基地好莱坞，了解了世界戏剧、电影艺术的许多前沿性的东西，眼界大开，受益匪浅。与老舍较多关注戏剧不同，曹禺除了戏剧之外，对电影艺术情有独钟，而且一直密切地关注国内的电影艺术，并从中汲取艺术营养，这对他后来从事电影创作起到一定的作用。

电影曾影响过他的戏剧创作，他在谈到话剧《日出》创作时，曾说：

> 艾霞的自杀、阮玲玉的自杀，这些事往往触动着我，陈白露（《日出》女主角）之死，就同这些有着关联……阮玲玉是触发写《日出》的一个因素。

电影《艳阳天》讲的是一位有正义感的律师，与一个曾经是汉奸的不法商人之间斗争的故事。奸商金焕吾，为了囤积紧缺物资，使用种种卑鄙的违法手段企图强买孤儿院房产，遭到正气凛然的律师阴兆时的反对。阴兆时不惜身家性命，以法律为武器与之进行斗争，终于获得胜利。

曹禺在创作和编导《艳阳天》时，倾注了大量心血，几易剧本，克服种种难以想象的困难。比如当时拍摄设备十分落后，摄影棚条件非常艰苦。那"是一个破烂的空壳子，墙外任何声音都可以收进声带，飞机来了，停拍；天气太冷，摄出的夏天戏有呵气；拍好了洗出来一看，底片走光；或者是排好了开拍了，摄影机里却出了毛病……导演应付一切困难（奔走于审查也是分内事）不算，还得应付制片人的成本减低政策"。

上面种种艰难的描述，是饰演金焕吾的李健吾后来写的回忆录中的话。李健吾，是当时著名的戏剧家和印象主义的批评家，著作有《咀华集》，与朱光潜等齐名。他于 1921 年与陈大悲组建北京实验剧社。早年曾在清华大学学法语，后又赴法国留学，研究福楼拜，1933 年回国。除写《福楼拜评传》外，还经常客串戏剧、电影角色。

抗战胜利后，他曾与黄佐临等人创办若干剧团，还应郑振铎之约，主编《文艺复兴》杂志。解放后到北京文学研究所工作，1964 年转到外国文学研究所。

《艳阳天》就在李健吾所描述的艰苦环境下诞生了，于 1948 年解放战争胜利的炮火由北向南势如破竹的形势下在上海公映。名为"艳阳天"，昭示着新的中国即将诞生，反映上海大众渴望新生活的到来，内容又触及当时社会腐败的种种现实，故反响强烈。

对《艳阳天》的评价却是冰火两重天。对曹禺有知遇之恩的巴金，深知曹禺的艺术功力。1942 年，曹禺改编巴金的长篇小说《家》为话剧，他不是原封不动地把巴金小说搬上舞台，而是按照戏剧艺术的需要，选择了觉新的婚礼、兵变、高老太爷的寿诞、瑞珏之死四个场景进行二度艺术创作。这相较于其他改编于《家》的剧本，深得《家》之精髓，成为将小说改编成剧本的成功典范，巴金甚为满意。看了曹禺的《艳阳天》电影之后，巴金又赞道：

> 不用男女的爱情，不用曲折的情节，不用恐怖或侦探的故事，不用所谓噱头，作者单靠他那强烈的正义感和朴素干净的手法，抓住了我们的心。使我们跟着（律师阴兆时——引者）"阴魂不散"，一道愁、愤、欢笑。作者第一次做电影导演能有这样的成就，的确是一件可喜的事。

巴金之评，重点在于肯定电影的灵魂，即正义感和干净的手法，独具慧眼。

作家中最能代表其文学"为人生"和现实主义特色的叶圣陶，以富有历史深度和充满时代气息的长篇小说《倪焕之》名满文坛。他很少撰写评论文章，参与论争，但他看了《艳阳天》后，还是对小自己十六岁的剧坛健将严格要求，说了自己的几点看法：

> 事实上金焕吾是不会受罪的，因为法律握在金焕吾们的手里。看戏的一班好人平日恨着金焕吾们，奈何他们不得，在影片上看见金焕吾被判无期徒刑，也就有些"过屠门而大嚼"的快感。然而散出来一想，就不免有空虚之感。

叶圣陶先生，对大团圆的结局金焕吾被判无期徒刑有些非议，这大概不属于文评，属于政治范畴。让一介书生曹禺，从政治眼光处理结局，似也强其所难。在影片里判金焕吾无期徒刑，是正义的宣判，正义战胜邪恶，是观众最"普通"的简单的心理诉求。满足他们哪怕是幻想式的愿望，无可厚非。况既是"艳阳天"，应该让他看到艳阳已不远了。

2

前面在老舍一章里讲过，1946 年，应美国国务院的正式邀请，曹禺与老舍作为中国文化名人到美访问。

美方邀请曹禺访美，是因为曹禺的话剧《雷雨》《日出》《北京人》等优秀作品，为现代文学剧本创作开创了一个崭新的局面，在现代文学史、戏剧史上有杰出贡献。请注意，中央社发他们访美的消息时，曹禺是名列老舍前面的。

作为中国新文学的第二代作家，曹禺在自己的戏剧创作领域中，继承和发扬了"五四"新文学的传统，以自己开一代风气的戏剧艺术实践，奠定了中国话剧艺术的基础。他坚持继承中国戏剧传统，借鉴外国戏剧潮流，特别在悲剧形式上，探索出一种西方戏剧中国化的样式，使中国新的悲剧类型，与世界悲剧的艺术交相辉映。这使曹禺成为中国现代悲剧的代表作家之一。他创作的话剧《雷雨》《日出》《原野》使他在戏剧界乃至文坛享有盛名。

曹禺到美国后，他在南开中学和南开大学读书时的老校长张伯苓到美治病。他与老舍皆出其门下，有深厚的师生之谊。在美期间，正逢张伯苓度七十大寿，老舍与曹禺二人合作一首长诗，在寿筵上深情朗诵，表达他们对老校长的真挚爱戴。应该说，曹禺与张伯苓感情更深。在支持曹禺到国外留学问题上，张伯苓是使了大力气为曹禺争取名额的。

1937 年，抗日战争爆发后，为了适应战时需要，南京政府对留学政策做了调整。为利于抗战，节省财源，严格控制官派公费出国留学名额。到了 1943 年，随着战局好转，中国国际地位提升，蒋介石信心满怀，根据国家需要，放宽对留学生限制。蒋介石下达机密（甲）第七六二八号手示：

> 以后对于留学生之派遣应照十年计划，估计理工各部门高中低各级干部所需之数目，拟具整个方案呈报为要。（《留学教育——中国留学教育史科》，刘真、王焕琛主编）

仅以此事看，已料抗战必胜的蒋介石，信心满怀，开始实现战争胜利后强国的雄心。培养人才，乃是强国的重要步骤。此举顺应民意，广受欢迎。

此时的曹禺，虽连续创作了《雷雨》《日出》《原野》《北京人》等剧作，已名满天下，但自创作《北京人》始，已陷入创作危机，他甚至辞去国立剧专专门搞剧本创作的职务，于 1942 年由四川江安到重庆，在国立复旦大学教授英语，虽也搞剧本创作，比如改编巴金的《家》，成就尚可，但创作新剧《三人行》《李白和杜甫》，却均未获成功。据《曹禺传》（田本相著）引曹禺回忆：

> 《三人行》是写岳飞、宋高宗和秦桧的故事。在重庆只写了一幕，太难了。全部是诗，没有别的对话，吃力得不得了……我是想试一试，用新诗写一部诗体剧，终于搞不下去了……《李白和杜甫》，写天宝之乱，写李白和杜甫的友情，也是出了预告的，幸亏没写，懂得太少。杜甫和李白的诗，他们的事迹太伟大了，我曾和冯至谈过，他写过《杜甫传》，是杜甫专家，又是个诗人，我劝他写。

两部话剧未完成，自然令心高气盛的曹禺沮丧不已，但毕竟力不从心。

要提高创作能力，不得不去作为舶来品的产地欧美考察，去那里观摩、学习，以他山之石，提高自己的创作水平。

让他决定出国留学的另一原因，源自他有留学传统的家庭。曹禺家庭有两种不同说法：一说出身名门望族，一说出身湖北潜江的一个贫寒家庭。

其父万德尊，少年好学，十五岁中秀才，后又到张之洞创办的两湖书院学习。后留学日本，先进振武学校，又到东京陆军士官学校。与阎锡山等同窗。1909 年回国，出任清王朝直隶卫队标统。北洋政府时期，被授陆军中将，担任过黎元洪大总统的秘书。随着黎的失势，万德尊也丢官，到天津立足发迹。父亲的留学改变曹禺家庭命运。万德尊虽为武官，但有深厚的国学功底，喜欢舞文弄墨，故在天津当寓公之后，常与友人吟诗唱和。他安排曹禺接受严格的家庭教育，鼓励儿子，到偌大的书房自由挑选阅读，使曹禺既读了大量传统典籍，也读了大量文学作品及林纾翻译的外国小说。受戏迷继母的影响，曹禺从小便热爱戏剧，常模仿戏剧中的人物动作和唱腔，潜移默化中，曹禺一生对戏剧情有独钟。

似乎说得远了点儿。再回到留学问题，曹禺父亲因留学而改变命运，让他自幼产生也要留学的愿望。

自幼的愿望，求他山之石，破解自己创作的困境，到欧美取经的迫切需要，又受政府颁布扩大留学名额的鼓舞，曹禺决定申请留学。

3

曹禺走向戏剧作家的道路，与家庭影响有关。他的继母，原是他的小姨，母亲因产褥热去世后，续弦给父亲万德尊。她受家庭熏陶，自幼喜爱戏剧曲艺，从京剧、昆曲到河北梆子、山西梆子、唐山落子，无所不喜，无所不通。除了天天在家吟唱，她还常常抱着曹禺到处看戏，小曹禺便也成了戏迷，回家还喜欢模仿剧中人物动作唱腔，表演一番，《曹禺创作生活片断》（《剧本》1957 年 7 月号）中说，曹禺"有时就索性自己天南地北地编排"。

　　而真正发现曹禺有戏剧天才并提携和指导他成名者，竟是南开校长张伯苓的胞弟张彭春。张彭春于 1910 年考取清华第二届"庚款"留学生，同胡适、竺可桢、赵元任等赴美求学，后在哥伦比亚大学学习哲学、教育学，课余研究戏剧和编导艺术。1915 年获文学硕士，次年归国协助其兄主持南开中学，并亲任南开新剧团副团长，引进欧美的演出体制，排演中外剧目。

　　曹禺参加南开剧社，排演丁西林的《压迫》和田汉的《获虎之夜》，接受张彭春的艺术指导，张彭春发现了曹禺的表演才华。后来张彭春让曹禺演出易卜生《国民公敌》中的女主角。曹禺表演惟妙惟肖，赢得观众热烈的掌声，又主演《娜拉》中的女主角娜拉。曹禺粉墨登场，一袭长裙，一头鬈发，其风姿绰约、妩媚动人的造型和自然的表演，让台下的观众看得如痴如醉，赞不绝口。他们哪里知道，这个风情万种的外国佳丽的扮演者，竟是一位中国的中学生。从此，曹禺在南开中学乃至在天津戏剧界崭露头角。

　　到了 1934 年，曹禺从清华大学毕业，在天津河北女师任教，为庆祝南开中学建校三十周年，张彭春又拉曹禺合作，重演由他编导的中国剧目《新村正》。为了舞台效果，张彭春特意请来在美国学习过舞美设计的北京名媛、著名作家林徽因担任舞美设计。这位名动文坛的才女，面貌美艳且有高雅艺术气质，具有动人魅力。其时，动笔一向吝啬却凡落入文字皆成精品的她，刚刚在《学文》月刊发表小说代表作《九十九度中》。作品写酷暑时北京胡同里形形色色的人生，笔端充满对人的悲悯。她加盟《新村正》，已在天津引起广泛关注，加之曹禺出神入化的表演，轰动津门。

　　1935 年，南开新剧团又演出《财狂》，张彭春又邀曹禺友情出演。此次，曹禺扮演的是老舍啬鬼，而非他擅长的淑女、名媛。文学界名流郑振铎、巴金、靳以都专程到剧场捧场。在张彭春的执导下，曹禺又把这一角色演得活灵活现，入木三分。再次轰动华北文艺界。天津《大公报》特为此出了特刊，《益世报》也出了专号。

为了感谢有提携之恩的张彭春，1936 年已经因《雷雨》而名震剧坛的曹禺，特意在《雷雨》的序中写道：

> 我将这本戏献给我的导师张彭春先生，他是第一个启发我走进戏剧的人。

关于申请留学之事，最初是曹禺请张彭春告知其兄张伯苓，代为向有关方面推荐，促其梦想成真。欣赏曹禺才华的张伯苓，就有两次致函陈立夫之事。

其一，张伯苓于 1943 年 8 月 11 日致陈立夫：

立夫部长先生勋鉴：

敬启者：苓学生万家宝（笔名曹禺）对于戏剧颇知努力研究，年末所写剧本均属精心之作，想为先生所深知。近闻教育部将选拔各项专门人材（才）派遣国外，藉（借）求深造。若万君者倘能予以出国机会，将来返国后对于我国剧坛，定必大有贡献也。特函介绍，敢乞留意，予以存记，无任拜祷。专此，顺颂

公绥

张伯苓谨启

八月十一日

一个月后，陈立夫复函张伯苓：

伯苓先生台鉴：

八月十一日惠示敬意。查本部本年考选派留学生计划，经呈奉核定，并无文法商等名额，万君所学，系为戏剧一科，无法予以派遣深造，至希察宥是荷。此复。并颂

台绥

陈○○谨启

此信，表明陈立夫是公事公办，并无掺杂私人感情。按说德高望重的社会名流，又是国民参政会副议长的张伯苓，托请陈立夫帮忙，这位国民党内炙手可热、重权在握、深得蒋介石信任的大员，给张伯苓个面子，批准曹禺留学，本不是件难事，但鉴于 1943 年教育部派遣留学生的会议记录中，确实没有涉及文法商等科名额的内容，陈立夫坚持原则，无可厚非。

失去此次留学机会，对一直渴望出国深造的曹禺来说，是个终生遗憾。查举凡民国清流，从胡适、鲁迅到林语堂、徐志摩，再到朱自清、戴望舒，甚至周扬、艾青，无不有留学经历。留学背景，对他们成为文学大师、著名作家，具有极为特殊、重要的意义。

20 世纪 80 年代初，在一次会上，笔者曾在北京饭店与曹禺先生有一次闲聊，在问到他没有留学背景是不是很遗憾时，他端着咖啡抿了一口，引用了刘半农赠鲁迅的对联上的话："托尼学说，魏晋文章。"天下何处无芳草，老人回答得很有智慧。

4

曹禺在张彭春的影响和提携之下，义无反顾地从演戏走向戏剧家之路。

少年时因写《雷雨》一举成名。接着又写《日出》《原野》《北京人》而名满天下。

曹禺的处女作《雷雨》，是 1933 年他在清华大学读西洋文学系时创作的。而酝酿此剧，是他在南开大学读书时，他才十九岁。1930 年，他不满南开大学所修的政治系专业，转入清华大学。经过五年的构思，不知修改多少次，他最后在半年里五易其稿，完成《雷雨》的创作。

曹禺并不想马上拿出来发表，而是交给曾是南开中学的同窗又是好朋友的靳以。这位仁兄却把《雷雨》剧作放在自己的抽屉里，存放了一年。曹禺暮年时，已是著名作家的女儿万方，曾问老爸："你为什么不问问呢？"

曹禺说："那时候我真是不在乎，我知道那是好东西，站得住。"

将《雷雨》锁进抽屉里的靳以，当时正与郑振铎和巴金办《文学季刊》。后来，巴金看到《雷雨》，兴奋异常，将《雷雨》全剧刊登在 1934 年 7 月的《文学季刊》第一卷第三期上。文坛立刻热闹起来，曹禺从此广为人知。

《雷雨》在一天里，呈现了周、鲁两个家庭及其成员之间三十年间错综复杂的恩怨纠葛。描写有钱的周家掠夺、欺辱贫穷的鲁家，以及两家那种极不正常的关系造成的罪恶和悲剧。剧中人物死的死、逃的逃、疯的疯，揭露有钱阶级的罪恶和他们卑劣的精神面貌，令观者不得不追问这种悲剧的社会原因。

周家是个都市里的资产阶级却又充斥着浓厚封建气息的家庭。主人周朴园既是个尊崇旧道德的资本家，又是在外国留过学的知识分子。这是个被作者曹禺自己视为坏人的人物，他在《曹禺谈〈雷雨〉》（载 1979 年《人民戏剧》第三期）中说："周朴园坏到了连自己都不认为自己是坏人。"

的确，从《雷雨》诞生起，周朴园便被评论家视为"坏人"的典型，"这个人物隐藏在'仁厚''正直'、有'教养'等外衣下的伪善、庸俗、卑劣的精神面貌，以及由此产生的罪恶，作家通过富有表现力的戏剧情节——例如他对侍萍的忏悔、对繁漪的专横、处理罢工的手段等，给予了有力的揭露和批判"。

据笔者了解，一直到 1947 年，《雷雨》发表后四十五年，曹禺才第一次站出来说"周朴园坏到了连自己都不认为自己是坏人"这类彻底否定周朴园的话。

笔者认为，周朴园是个具有复杂性格的文学典型，是曹禺精心塑造的陌生的"这一个"。作为文学形象的成功，不是什么曹禺塑造了一个周朴园这样"伪善、庸俗、卑劣的精神面貌"的坏人典型，而是呈现了一个具有极为复杂性格的人物。将周朴园视为简单的"坏人"，不但是对其作为艺术形象的亵渎，更是对《雷雨》的否定。

曹禺自己站出来说周朴园是个坏透了的人的话，万莫当真，他的话，分明在为周朴园鸣冤叫屈。这个原本血肉丰满的复杂人物，被一些人以祭"二元论"大旗，将之简单化。中年以后的曹禺，已失去年轻时的锐气，忍气吞声是他一种迫不得已的选择。到了新时期文学肇端，思想解放，文学呈现多元化的局面，曹禺说几句反话，以抒胸中的块垒而已。

至于有人说，曹禺"正是按照人物这样（'连自己都不认为自己是坏人'）的心理特征来塑造周朴园的"，毋宁说曹禺是从概念出发，来写人物，岂不在否定糟蹋曹禺的艺术创造吗？

在《雷雨》的八个人物中，周朴园和繁漪应是两个真实丰满、有复杂性格的艺术形象。

繁漪，如曹禺在《〈雷雨〉序》中所说："在《雷雨》里的八个人物，我最早想出的，并且也较觉直切的是周繁漪。"在塑造这一"五四"以后的资产阶级女性时，既写出她的才智、美丽和对自由、爱情的热情追求，同时写出她的任性、孤独、脆弱及渴望摆脱自己的精神折磨又无力抗争，只能屈从的处境，使她陷入了"一口残酷的井"。

她长期生活在周朴园的彬彬有礼又专制横暴中，对周家高贵又庸俗的生活难以忍受，对压抑的精神束缚备感痛苦。她想挣扎，又难突破这单调、阴沉的生活，于是变态地与周朴园的长子发生了违背人伦的畸形爱情关系。当她明白周家大少爷不仅懦弱、不敢担当，而且另有所爱时，畸恋就变成了仇恨和疯狂的"同归于尽"的报复。

繁漪是曹禺钟爱的人物，她的性格与该剧剧名《雷雨》相映衬，曹禺想通过这一女性，写出在"五四"个性解放的思潮下，一代寻求新的人生的时代女性的深刻悲剧。繁漪是那个时代女性追求解放而并无出路的悲剧人物，但老实说，繁漪这一人物，并没超越鲁迅笔下的子君，也不如丁玲塑造的莎菲女士，倔强自傲又沉郁苦闷等矛盾的统一中凸显的内心深处的冲突，使其形象具有特殊的美学价值。曹禺过于戏剧化处理繁漪的"变态"心理和"同归于尽"的行为，削弱了这一形象的真实性和复杂性。

作为在鲁家的被驯化、被欺凌与被损害者，鲁大海、鲁妈、四凤等都是那个社会里平凡、善良的劳动者。他们的遭遇和抗争，引起人们的同情，但曹禺对这些人赋予太多的热情，寄予太多的理想，加之对他们缺乏深刻的了解，对其性格特征的掌握不够准确，未能将他们塑造成丰满的艺术形象。因此，他们的出现并未给被腐朽阴郁气氛笼罩的周宅，带来明朗与希望。

《雷雨》以一天浓缩了周家三十年的腐朽、堕落的历史，其情节线索、戏剧冲突，设置巧妙，环环相扣，张弛有度，显示出年轻的曹禺超强的艺术驾驭天赋。曹禺自己曾说《雷雨》的结构"太像戏"（《〈日出〉跋》），一言中的。戏的基本要素，就是矛盾冲突。《雷雨》熟练运用"三一律"在戏剧结构艺术上进行新探索，并渗入了象征主义思想和艺术因素的努力，使《雷雨》极具艺术魅力而广受欢迎。

曹禺的《日出》写于 1935 年，翌年在《文季月刊》连载。该剧围绕着交际花陈白露及由她勾连的潘月亭展开故事，表现的是 20 世纪 30 年代初期，中国都市社会上下层复杂的横剖面，揭露了实际操纵社会生活的一种黑暗势力。如果说《雷雨》着重表现繁漪性格特征的话，那么《日出》则表现作者在黑暗中迫切期待东方红日的心情。他在《〈日出〉跋》中说：

> 果若读完了《日出》，有人肯愤然地疑问一下：为什么有许多人要过这种"鬼"似的生活呢？难道这世界必须这样维持下去？什么原因造成这个不公平的禽兽世界？是不是这局面应该改造或者根本推翻呢？如果真的有人肯这样问两次，那已经超过了一个作者的奢望了。

后来中国戏剧出版社于 1957 年出版《日出》时，将这段话删去了。

1937 年元旦，沈从文发表《伟大的收获》剧评，高度评价《日出》。

1937 年，《日出》与何其芳的散文集《画梦录》等一起获《大公报》文艺奖。当时萧乾主持《大公报》的文艺副刊。评委由巴金、叶圣陶、靳以等名家组成。他们对《日出》的评语是：

> 他由我们这腐烂的社会层里雕塑出那么多有血有肉的人物，责贬继之以抚爱，真像我们这时代突然来了一位摄魂者。在题材的选择、剧情的支配，以及背景的运用上，都显示着他浩大的气魄。这一切都因为他是一位自觉的艺术者，不尚热闹，却精于调遣，能够透视舞台效果。

将之与曹禺的《〈日出〉跋》比较，这才是艺术的评论。一句"他是一位自觉的艺术者"，确切地评价了作品，也评价了曹禺。

《原野》发表在抗日战争前夕。二十七岁的曹禺，将他的视野由大都市转向了他从小自保姆和亲友那里听到的并不熟悉的农村，表现的是一个以个人复仇的方式反抗不公道世界的故事。仇虎为父亲被活埋，妹妹被卖为娼妓，自己被诬陷入狱而复仇，全剧充满了诡密、奇谲，又蕴积炽烈、暴戾、激情，交织着爱、恨、情、仇。特别是曹禺赋予仇虎原始生命力和戾气，他既杀仇家，又伤害无辜，同时也毁灭自身，使之成为具有悲剧性的人物，由此使《原野》也包含了积极的思想命题。

与《雷雨》《日出》相比，《原野》争议最多，评价最有分歧。诸如太过渲染抽象神秘的恐怖气氛，而削弱了作品的现实性；作者在仇虎的身上过多地表现那种原始生命力，反而模糊了郁积在他心中的阶级意识。从这些多停留于政治评判的层面，对文艺自身规律缺少深入研究、比较简单粗疏、带有片面性的批评看，评论家还未具备用马克思主义文艺理论从事批评的能力。

1941年，曹禺写成《北京人》，重新回到他熟悉的都市上层生活题材。继续"对民族固有的坚韧、自我牺牲精神的探索"（《中华文学通史》），更深入地提出反封建的主题。《北京人》写的是一个曾经在北京盛极一时的封建家庭迅速走向破落，其家庭成员各自在这破落间挣扎，选择不同道路的故事。这个故事是在日常家庭生活里，其成员之间剑拔弩张、钩心斗角的紧张气氛和尖锐冲突中完成的。全剧将平淡与深沉、忧郁与明朗和谐统一为一体，具有独特的叙事风格。全剧又将带有悲剧意味的人物与带有喜剧色彩的人物和谐融合在一起，充满了浓郁的抒情意味，呈现出剧作丰富多义的内涵，故被评拥有诗化现实主义的美学风格。

"我和我的读者都行将老去"，黄永玉说沈从文预言"没有应验"

如同沈从文笔下那些牵动人情的人和事，沈从文由青衿之岁到白首穷年，一辈子的经历，也表示着生活本身亦如演不尽的传奇，足够精彩，只是不够花哨，他自己也不那么看重而已。

20 世纪 50 年代中期，在笔者后来供职的人民文学出版社，第一次为沈从文出版了一本作品选集，他自己在序言中说过一句这样的话：

我和我的读者都行将老去。

黄永玉说："这句伤感的预言，并没有应验，他没想到，他的作品和他的读者都红光满面长生不老。"

沈从文的作品在人间正方兴未艾，沈从文生活的点点滴滴且行且红火。正所谓："仁以为己任，不亦重乎？死而后已，不亦远乎？"

1

1947 年，沈从文从云南回到北平，与妻子张兆和住在中老胡同三十二号的北大宿舍。他在北大当教授之余，还为天津《益世报》编辑"文学周刊"。

当时曹禺的话剧《日出》正在公演，沈从文看后，很激动地在《益世报》发表剧评《伟大的收获》，只从题目，便知沈从文对曹禺《日出》的推崇。《日出》获《大公报》文艺奖，也与沈从文的推荐有关。

这一年，沈从文在《益世报》"文学周刊"分五期连载了自己的小说《芸庐纪事》。还在《文学杂志》等报刊陆续发表小说《巧秀与冬生》《大帮船拢码头时》《人与地》《枫木坳》《摘橘子》和《传奇不奇》，以及不少论文与散文。这些小说一如既往，给我们展示出一幅幅社会风俗画，并将情感寄寓于人物命运的演变之中。小说没有大浪起落，却于轻快中含着伤感，热烈里透着悲凉，表达着作者对中国特别是乡村社会历史演变的思考，深致辽远，令人有无尽遐想。同时，到了 20 世纪 40 年代后期，由于战乱，长期客居云南乡野，孤独寂寞，使他沉浸于对社会人生的内心关照，使他的作品明显带有哲理性，让读者看到下层百姓各样生命形态。

黄永玉评价他的表叔沈从文的创作时，说他的创作一直"都在平常的状态下运行，老子曰'上善若水'，他就像水那么平常。永远向下，向人民流动，滋养生灵，长年累月生发出水滴石穿的力量"。他的作品因为平常，在困苦生活中才能结出从容的丰硕果实。

是的，除了作品之外，他的人格、生活、情感、欲望，与人相处的方式，都在平常的状态下运行。

他回到北平，在《益世报》编"文学周刊"时，发生过一件编辑与作者间的小事，值得一提。

有个十六岁怀有文学梦的少年章恒寿，正就读于河北高等工业学校，常以笔名芦苇给《益世报》投稿。章恒寿很幸运，一个无名的少年郎的投稿，撞到大作家手里。很快，一直扶掖年轻人的沈从文，将稿子编发在《益世报》上。于是惊喜万分的章恒寿，受到莫大鼓舞，便有了与沈从文经常通信的关系。在这位大师级的作家的关心指导下，章恒寿的创作有了井喷式的暴发，不长的时间里，竟发表二百多首诗作。

就在芦苇沉浸于诗歌创作，不断发表之时，他的父亲突然不幸罹患急性肺炎，必须注射当时极为稀缺、价格昂贵的盘尼西林等。芦苇家一直清苦，只有姐姐一人当小学教员，勉力维持，芦苇偶得稿酬，仅能减少家庭负担而已。如今父亲得病，因四处借钱，债台高筑。每天见一家人愁苦之状，万般无奈之下，芦苇便硬着头皮，试着给沈从文写了封信，说明情况，并提出是否可以预支一些稿费，以解为父治病之急。

沈从文接到芦苇的信后，顿生同情之心，他知道以芦苇的身份和影响，是得不到预支稿费待遇的。在自己实在无力拿出钱接济这位有孝心的年轻人的情况下，沈从文并未与芦苇商量，便自己做出了一个让人惊异又让人钦佩之举，于 1947 年 9 月 20 日，在《益世报》"文学周刊"上，登出了一则卖字帮助一位青年作家的启事：

　　有个未谋面的青年作家，家中因丧事情形困难，我想个"秘醯"之举，凡乐意从友谊上给这个有希望的青年作家解决一点困难，又有余力作这件事的，我可以为这位作家卖二十张条幅字，作为于这种善意的答谢。这种字暂定最少为十万元一张……这个社会太不合理了，让我们各尽所能，打破惯例作点小事，尽尽人的义务，为国家留点生机吧。

"秘醯"太古，费解。《论语·公冶长》："孰谓微生高直，或乞醯焉，乞诸其邻而与之。"想来，"秘醯"乃请人帮助之谓也。沈从文在启事中，还想推而广之：

　　你们若觉得这个办法（秘醯）还合理，有人赞助，此后我还想为几个死去了的作家家属卖半年字。

沈从文的字，是文人字。但写得好，很有名气。他写的章草，深得书法家的推崇。他自幼行伍出身，没有在私塾和家学练就抄碑临帖的童子功，但他天资聪颖，在军队里当文书时，抄抄写写，字写得也见模样。再有他常读字，在昆明时，总到裱画店看字。昆明市政府对面有一堵大照壁，上面写的是孙中山遗训，字用二爨掺一点北魏造像题记笔意，有机会他就站在壁前揣摩。他对市内黑漆金字抱柱楹联上的书法，也感兴趣。鉴赏水平和书写水平渐渐提高。昆明有一书法家，名为吴忠荩，装裱店常挂他的字出售，沈从文见其字写得熟练，用笔枯扁，结体少变化，论道："老先生写了一辈子字！"意为只是个写匠而已。

沈从文的夫人张兆和家学渊博，诗词歌赋多有涉猎，对书画也有功夫，其妹张充和更是著名书法家。1928年，在张兆和就读中国公学时，沈从文是她的老师。她记得二十六岁的沈从文第一次上课，紧张得不知所云，只在黑板上写下一行字："见了你们这么多人，我不知道说什么好。"张兆和说，那一行，是"漂亮"板书。

说起沈从文对书法的鉴赏，有这样一件让人哭笑不得的事儿。"文化大革命"期间，一天，沈从文挨斗，有人把写有"打倒反动文人沈从文"的一张大字报，刷上糨糊贴在他的背上。一番不着边际的批判之后，人们一走，他揭下背上的大字报，说："那书法太不像话了，在我的背上贴这么蹩脚的书法，真难为情！他原应该好好练一练的！"

那时，沈从文被揪出后，天天在天安门前他工作的那座气派的历史博物馆打扫女厕所。往他身上贴大字报者，是他很有学问的同事。

多年后，沈从文为侄子黄永玉出版的《阿诗玛》题签书名，用的苍古秀雅的隶书，甚有大家风范。

汪曾祺在西南联大读书时，他见沈从文拿铅笔的姿势有点儿像抓毛笔。汪曾祺认为，这"证明沈从文不是洋学堂出身"。他说，《长河》是沈先生用钢笔写在硬皮练习簿上的，直行，两面写。"他的原稿的字很清楚，不潦草，但写的是行书"，"他晚年写信写文章爱用秃笔淡墨。用秃笔写那样小的字，不但清楚，而且顿挫有致，真是一个功夫"。

这样看来，已经四十五岁的沈从文，敢于在文人圈子里卖字，自信腕底已有风雷。

沈从文的卖字启事一登，果然引起反响，芦荻陆续收到来自全国各地的二十余笔汇款及表示慰问的信函。这让这位涉世不深的年轻人，备感温暖，也更让他感谢作"秘醢"之举，仗义卖字且助人的沈从文。

写到这儿，似可以画上句号了。但且慢，这位昔日芦荻者，在1980年，到北京出席一次授奖大会时，突然找到了沈从文先生的家，激动地诉说先生当年对他的帮助，岂料事隔三十三年，年已七十八岁的老翁，早已忘却这件事。

得说说芦荻。1948年，从天津参军，一直在南方部队从事政治工作，坚持诗歌创作，后改笔名柯原。他的诗有军人的豪迈和乐观风趣。他在抗美援朝战场上写出了《一把炒面一把雷》。该诗在志愿军中广泛流传，并为他赢得了荣誉。他写的《我的汽车十一号》，以战士的幽默表现军人的乐观主义精神。他有诗集《白云深处有歌声》《岭南红桃歌》等。他在诗歌创作上，努力将口语和快板诗及古典诗三结合的尝试，对诗歌语言的发展，是有意义的。

在从战场上走出的诗人里，柯原与未央、张永枚齐名。

2

读有关沈从文的传记和他自己写的人生经历，知他从湘西走出，带着一身的呆气，浪迹天涯。那湘西蛮荒山水赋予他粗朴的气质和干净的灵魂。他笔下的湘西美丽而忧伤，他在失去家园的伶仃无依中有浓淡难与君说的人生经历，也是关于文人的美丽的故事。

有时，一些小事，可折射现代文人的文化人格。沈从文与汪曾祺的师生关系，让我们窥见他灵魂之高尚，如伫望苍然的远山。

汪曾祺常对笔者讲，他在西南联大读书时，沈从文教他们写作课，他备课讲课极为认真，对每个学生的习作都细心修改，将出色的寄给他熟悉的报刊，尽量争取发表。抗战时期，通货膨胀，邮费也疯涨，他为节省邮费，把稿纸空白的天头地脚都剪掉，以减轻重量。即便如此，那么多学生，那么多的习作，单邮费就十分可观。而习作一经发表，沈从文就笑眯眯地亲自交给作者。

其实，那时沈从文也在写《玉嫂》《秋收的社戏》《大帮船找码头时》《新摘星录》《乡居》《雪》《虹桥》等小说，忙着编自己的小说集《春灯集》《黑风集》及论文集《云南看云集》等。其小说中弥漫着中国边远山区的浓郁气息，原始、朴素、荒莽的种种形神与风姿，在其间摇曳。看看他每天穿一件洗褪了色的蓝布长衫，夹着一摞书，匆匆忙忙地在校园里来去，可知沈从文很忙。

有一天晚上，汪曾祺与同学喝酒，回校时，醉倒在路边。说来也巧，那夜沈从文刚演讲结束回家。见状，以为是难民病饿而倒。走近帮助，不料是爱徒，他与两个学生扶着汪曾祺到自己家。沈从文熬了酽茶一灌，他才醒过神来，不胜羞窘。还有一次，汪曾祺去沈从文家，沈从文开门一看，他脸颊肿得很高，忙跑到街上水果店买回几个大橘子。沈从文说橘子治牙疼有疗效。

1946年，沈从文得知郑振铎、李健吾在上海办《文艺复兴》，想起汪曾祺早前写的《小学校的钟声》《复仇》两篇小说一直没地方发表，就代汪曾祺寄给他们。据汪曾祺讲，因这两篇小说是几年前用毛笔楷书写在学生作文的绿格本上，已被蠹虫蛀了不少洞。郑振铎见状，大为感动。

1946年，汪曾祺由昆明回到上海，战后的上海遍地疮痍、经济萧条，汪曾祺到处求职不录，心情极坏，甚至想跳黄浦江自杀。在北平的沈从文得知，即刻写信，把他大骂一顿。沈从文在《湘行散记》中，说过：

> 我不相信命运……我不大在生活上的得失关心，却了然时间对这个世界同我个人的严重意义。

沈从文的人生哲学，可用李白的"腹中贮书一万卷，不肯低头在草莽"表达，不向命运低头。他看不上汪曾祺面对逆境这般没有出息。他在信上教训弟子：

> 为了一时的困难，就这样哭哭啼啼，甚至想到自杀，真没出息！你手中有枝（支）笔，怕什么！

这让人想起钱锺书和黄永玉同住一个大院时，钱锺书对沈从文的侄子黄永玉说：

> 你别看从文这人微笑温和、文雅委婉，他不干的事，你强迫他试试！

这就是沈从文骨子里的硬气。沈从文骂了汪曾祺，却又让汪曾祺称为"三姐"的张兆和从苏州写长信，安慰他早就认定"将来必有大成就"的弟子。

中国人常以骂的方式，表达爱护的心。1947年2月，沈从文给朋友李霖灿、李晨岚等友人写信，希望他们帮忙给品学兼优的汪曾祺找工作。

> 济之先生不知还在上海没有，我有个朋友汪曾祺，书读得很好，

会画，能写好文章，在联大国文系读过四年书。现在上海教书不遂意，若你们能为想法在博物馆找一工作极好。他能在这方面作整理工作，因对画有兴趣。如看看济之先生处可有想法，我再写信给济之先生。

到了 1961 年 2 月，沈从文住阜外医院疗病，望着窗外的大雪，他想起被打成"右派"的汪曾祺，那时，汪曾祺正在张家口沙岭子劳动改造。于是，沈从文从笔记本上撕下十二张纸，在病床旁给汪曾祺写了封六七千字的长信。出院回家，沈从文又用毛笔在宣纸上重抄了一份寄到张家口沙岭子。信上说：

> 一句话，你能有机会写，就还是写下去吧，工作如作得扎实，后来人会感谢你的……至少还有两个读者……事实上还有永玉！三人为众，也该当算有了群众……

说起汪曾祺被打成"右派"，沈从文在次年 10 月，致程流金的信中有所提及，为汪曾祺抱打不平：

> （汪曾祺）人太老实了，曾在北京市文联主席"语言艺术大师"老舍先生手下工作数年，竟像什么也不会写地过了几年。长处从未被大师发现过。事实上文字准确有深度，可比一些打哈哈的人物强得多。现在快四十了……才起始被发现。我总觉得对他应抱歉，因为起始是我赞成他写文章，其次是反右时，可能在我的"落后非落后"说了几句话不得体的话。但这一切都已成"过去"了，现在又凡事重新开始。若世界真还公平，他的文章应当说比几个大师都还认真有深度，有思想，也有文才！"大器晚成"，万人早已言之，最可爱还是态度，"宠辱不惊"！

沈先生这封信，是他人格的写照。他有路见不平拔刀相助的"侠气"，有骨鲠在喉不吐不快的勇气。他对老舍对汪曾祺的轻慢是有微词的，他对自己在反右时的不得体是有自责的，毫无虚与委蛇之态，可见其道义担当精神。对此，中国知识分子都不能不自问：你的腰是抻直还是弯曲着？你是目光炯炯，洞穿现实迷雾，还是闭目塞听，苟且活着？

3

20世纪，笔者在上大学读中文系时，老师很少提及沈从文，但在祖父的书房偶读沈从文的书，抄录过一段他的话：

> 水的德行为兼容并包，从不排斥拒绝不同方式浸入生活的任何离奇不经的事物！却也从不受它的玷污影响。水的性格似乎特别脆弱，且极容易就范。其实则柔弱中有强韧，如集中一点，即涓涓细流，滴水穿石，却无坚不摧。

笔者知道，这是夫子自道，沈从文以水自喻。从他的小说里的朴素人物身上，笔者更读到他们的如水的灵魂，这让笔者在那空谈豪言壮语，只讲英雄主义的文坛，突然感受到一股像水一样平常，却滴滴润泽滋养自己灵魂的水滴石穿的力量。从此，笔者极崇敬沈从文和他的作品。

沈从文逝世时，笔者看到不少人为他写的墓志铭。写得最好的，都不是文学界的手笔，竟是他的两个艺术家亲戚。一个是他的侄子，画家黄永玉；一个是他的小姨子，精书法、擅绘画、演昆曲的张充和。

前者写的是"一个士兵，要不战死沙场，便是回到故乡"，后者则是：

> 不折不从，星斗其文；亦慈亦让，赤子其人。

若沈从文还在，读张充和为他写的铭文，定认定这是张充和的自我写照。沈从文太了解他的岳父张吉友膝下的四个女儿了。张兆和就不用提，夫妻二人的和谐，不仅仅因为爱情。沈从文因妻子而深深读懂与"宋氏三姐妹"齐名的"合肥四姐妹"。她们的夫婿也都赫赫有名，且与沈从文交好。老大嫁给昆曲"传家辈"里的名小生顾传玠，老二嫁给语言学家周有光，老四嫁给美国汉学家傅汉思。而和沈从文、张兆和一家，在一起最久的是张充和。沈从文与张兆和谈恋爱时，张充和就与沈从文熟识。到了1938年，抗战烽烟四起，张充和与三姐一家都到云南，住在昆明城里北门街一个大宅院里。

那时，二十四岁的张充和如花似玉，天真烂漫。与沈从文一家在昆明过得有滋有味，后来她在《三姐夫沈二哥》一文中，对那段战乱生活，有清晰美好的记忆：

七七事变后，我们都集聚在昆明，北门街的一个临时大家庭是值得纪念的。杨振声同他的女儿杨蔚、老三杨起，沈家二哥、三姐、九小姐岳萌、小龙、小虎，刘康甫父女。我同九小姐住一间，中隔一大帷幕。杨先生俨然家长，吃饭时座位虽无人指定，却自然有个秩序。我坐在最下首，三姐在我左手边，汪和宗总管我们的伙食账。在我窗前有一小路通山下，下边便是靛花巷，是中央研究院史语所所在地。

时而有人由灌木丛中走上来，傅斯年、李济之、罗常培或来吃饭，或来聊天。院中养只大公鸡，是金岳霖寄养的，一到拉空袭警报时，别人都出城疏散，他却进城来抱他的大公鸡……

张充和这段回忆，写出抗战时文化人生活艰难，但他们都未沉沦，都积极工作生活。所谓"人以群分"，沈从文周边的朋友，都是自由主义作家、艺术家、学者。这对我们研究他们很重要。张充和自然不知就里，她在文章里，感兴趣的是生活，"由龙街望出去，一片平野，远接滇池，风景极美，附近多果园，野花四季不断地开放"。她吹笛子，唱昆曲，弹琴……她是绽放在战乱年代一朵自由的花朵。沈从文从她身上，感到人世间的快乐，并看到她身上传统文化功力最深，才艺最广而又具艺术气质。沈从文自谓"相当长、相当寂寞、相当苦辛"的岁月中，有充满活力的张充和伴他们夫妇，他们的生活多了些快乐。

正是在那段时间，沈从文写了《烛虚》系列中的多篇，这些皆属于社会评论性质。其一、其二均讨论女子教育问题，批评女性生活的消极、空虚、无聊和社会教育对女子的忽视，文章有对理想的新女性的呼唤。沈从文还写了《美与爱》，文章指出生命之最高意义，即"神在生命中""美在生活中"的认识，指出，美的沦丧、爱的缺失，已成现实生活中的普遍现象。批评一些人沉湎于庸俗虚伪的生活，而丢失了庄严又神圣的生命。

沈从文写《烛虚》《美与爱》的灵感，是否与张充和有关呢？在沈从文的家辗转西南时，张充和一直相伴。因沈从文，张充和认识了朱自清、唐兰、马衡、梅贻琦、章士钊、沈尹默、乔大壮、潘伯鹰等名流，她端庄大方、热情开朗，在昆明、重庆文化界有很好的口碑和人缘，广受大师们的喜欢。沈尹默指导她书法。章士钊赠诗曰："文姬流落于谁氏，十八胡笳只自怜。"将张充和比作东汉末年的才女蔡文姬。张充和当时见诗有"文姬流落"之喻，有所不悦，后来嫁给美国人傅汉思后，自嘲说章士钊先生颇有远见。

抗战胜利后，沈从文回到北平，住在离他当教授的北大不远处中老胡同三十二号。这座皇室贵胄留下的大宅院里，聚集了当时北平一批著名教授。不久，张充和也来了。沈从文住在大院的西北角。张充和在《三姐夫沈二哥》一文，写到这个院落：

四七年我们又相聚在北平。他们住在中老胡同北大宿舍。我住他家旁边一间屋中。这时他家除书籍漆盒外，充满青花瓷器……有时劝我收买，有时他买了送我……

在那宿舍院中，还住着朱光潜先生，他喜欢同沈二哥外出看古董……到了过年，沈二哥去向朱太太说："快过年，我想邀孟实（朱光潜）陪我去逛古董铺。"意思是说，给几个钱吧，而朱先生亦照样来向三姐邀从文陪他……

接着张充和提到"北京大学来的德裔美国籍犹太人的汉学家傅汉思，常常跑到中老胡同北大宿舍与这些教授交流，其中包括沈从文家"。

傅汉思很招沈从文喜欢，经常与他谈天、吃茶、吃饭。不过沈从文很快发现傅汉思的醉翁之意，人家是冲张充和来的。从此，用傅的话说，便是"他就不再多同我谈话了，马上就叫充和，让我们单独在一起"。

一次，杨振声把沈家接到颐和园霁清轩度暑假，张充和去了，傅汉思也去了，清幽的皇家园林里，发酵了这对年轻人的爱情。

沈从文、张兆和促成了这对跨国姻缘。

当她的沈二哥驾鹤而去时，她给他写的墓志铭，寄托了她太多的情感。

张充和曾用古雅淳厚的隶书书一对联，是写自己，又何尝不是写给她的沈二哥呢？那对联曰：

十分冷淡存知己，一曲微茫度此生。

4

黄永玉是从 1946 年开始，与表叔沈从文开始通信的。那年，黄永玉还是个少年郎。这叔侄俩的亲戚关系，算得上很近了，沈从文的母亲是黄永玉祖父的妹妹。据沈从文说，他经历了黄永玉的父亲与母亲相识、相恋、结婚的全过程。而且沈从文从中扮演过红娘式的重要角色。在《一个传奇的本事》一文中，沈从文回忆了他的表兄黄玉书与表嫂杨光蕙相爱的经过。1922 年，"五四"的余波到达湘西，受到影响，怀着"追求光明的勇气"，准备只身到北京闯荡的沈从文，与他的表兄黄玉书到了湖南常德，寄居在一家小客栈里。喜爱美术的黄玉书，在那里结识了也是来自凤凰的在常德女校教美术的姑娘杨光蕙。沈从文在文中写道：

> 表兄既和她是学美术的同道，平时性情洒脱到能一事不作，整天唱歌，这一来，当然不久就成了一团火，找到了他热情的寄托处。

表兄和杨光蕙"成了一团火"后，光唱歌不行，要用书信表达爱，于是表兄每天回到客栈，就朝表弟作揖鞠躬，恳求沈从文提刀代笔替他写情书给杨小姐。沈从文刚离开酉水流域保靖县一个土著部队，他在那里长期当文书，代为起草文件，熟通文墨，加上他有文学天赋，为表兄代写情书，也不是什么难事。这算是为表兄玉成好事，于是沈从文欣然从命。情书将爱情之火，扇得更旺。在沈从文独闯北京的 1923 年，黄、杨在常德走进婚姻殿堂，次年，黄永玉诞生在常德。

1934 年，因母亲病重，沈从文匆匆赶到凤凰探望。有一天，有个细瘦的少年，推开他家的大门，走进他住的堂屋，好奇地看了沈从文一眼。老太太很高兴，说："快叫表叔。"少年却对"表叔"问："你坐过火车吗？"老太太说，这是你表哥的孩子。沈从文告诉他，自己就是坐火车再乘船回凤凰的。那孩子笑了一下，转身跑开了。

十二年后，黄永玉已成为上海小有名气的木刻家，身在北平的沈从文开始与黄永玉有了书信联系和交往。沈从文见侄子发表作品时，用黄永裕本名，就告诉侄子说，"永裕"不妥，那不过是小康富裕，对一个"布店老板"合适，但对一个艺术家太俗气，不如改为"永玉"，光泽明透，与你的性格和艺术气质相合。侄子深以为然，遂改黄永玉，一生不变。世人只知黄永玉，早已忘却大艺术家的本名。

后来，黄永玉将自己四十多幅木刻作品寄到北平，希望得到表叔沈从文的指点。沈从文作《一个传奇的本事》，表达对侄子木刻艺术的欣赏。同时，将黄永玉举荐给各地的朋友。比如，沈从文在上海的两个学生萧乾和汪曾祺，得到师长的信后，尽力去帮助黄永玉。沈从文的影响之大、人脉之广，对黄永玉的艺术事业起到重要推动作用。

前面提到汪曾祺在老师的批评下，自信地在上海开辟自己的文学天地，与黄永玉成为好朋友。而在香港的萧乾在1948年，促成了黄永玉一生中第一次画展，地点是在文化气息很浓郁的香港大学。黄永玉在画坛的赫然亮相，凝聚着表叔沈从文的希冀和心血。

在以后漫长而蹉跎的岁月里，这两位来自凤凰的作家和艺术家的精神和生命，紧紧联系在一起。固然因为有那血浓于水的亲情，更重要的是"他们之间更为内在的一种文学情怀的关联，一种对故乡的那份深深的眷恋"（李辉语）。还有，那就是他们叔侄二人骨子里的自由而磅礴的个性精神，贯穿在他们生命里。

1973年，沈从文为黄永玉所作白玉兰盈丈大画稿，题了一首七言古体诗：

有虫叩窗频扰我，反覆难作安稳卧。
转思生命感离奇，存在原因在忘我。

园中万木花争发，玉兰一树占早春。

不因偏院雨露少，只缘入土植根深。

后来，沈从文自己说，"诗极长，因时忌始未能写在画稿上，今则已难记忆这诗稿存亡"。"时忌"，是因当时"四人帮"当道，文化专制主义横行，不敢将曲写心声的东西拿将出来。叔侄二人以白玉兰自况，都表达不为乱世所屈，坚守一颗干净的灵魂之志。

没有人比黄永玉更了解沈从文，没有谁比黄永玉写沈从文写得更多、更好。好在黄永玉写出的沈从文一生都是平淡而从容，怀着美的情怀看世界、看人生，具有坚韧的精神和从容不迫的人生姿态。读黄永玉的《太阳下的风景》《这些忧郁的碎屑》和《平常的沈从文》，你就会发现一个最丰富、最生动、最真实的沈从文。

他在文章里这样说表叔：

他不像我，我永远学不像他，我有时用很大的感情去咒骂，去痛恨一些混蛋。他是非分明，有泾渭，但更多的是容忍和原谅……

我们写文学前辈，不是写《封神榜》，而是应该写出一个活生生的人，既要展示他们的文学成就，也要表现他们丰富的个性，包括他们在生活方面的一些有趣的、很难用优缺点来评价的细节。他们应该是真实的人，有个性、有才华的活生生的人，而不是一尊尊苍白的神像。

黄永玉表现其表叔，从不用溢美之词，反而让我们仰视这座高山。1982年，叔侄二人有最后一次故乡之行。六年之后，沈从文病故，葬于故乡凤凰一处青山绿水间，其墓碑上镌刻了一句让人铭记于心的墓志铭：

一个士兵，要不战死沙场，便是回到故乡。

这是黄永玉写的，也是他刻的。他让表叔的灵魂带着乡愁与家乡的山水同在。

把"文化娱乐"比喻成"驴打滚"的"文摊文学家"赵树理

赵树理，一直被认为是解放区作家中，实践毛泽东《在延安文艺座谈会上的讲话》工农兵文艺方向的最有成就的代表人物之一。他是在 20 世纪 40 年代，悄然走上解放区文坛的。

赵树理的作品，关注变革时代农村里的新旧矛盾，以及日常生活中的凡人小事，把现代小说的艺术形式与民间话本说唱文学的长处结合起来，讲究故事性、地方色彩和乡土风味，其文字通俗易懂，开朗风趣，自成一家。

赵树理的小说，强调"真实"创作，强调作家的亲身经历为创作的重要基础。他这种从自己的感受出发，"忠于生活"的观念，使他在阶级斗争日益扩大化的时代里，一直保持清醒的头脑。虽然在不断的批评中，他有所顾忌，但他一直以其对生活的真诚，较为真实地描绘了那个时代农民的心态。作为二十世纪四五十年代杰出的人民艺术家，赵树理被人视为中国现代小说大众化、民族化的代表作家之一，在当代文学领域产生深远影响。

1

从 1930 年开始，自小就深受农民苦中寻乐的丝竹管弦鼓板声影响的赵树理向各地报刊投稿。那时，赵树理刚刚从太原监狱释放。他于 1925 年考入长治省立第四师范学校，受"五四"新思潮和新文学运动影响，开始接受三民主义，参加 1926 年驱逐校长的学潮。各地大肆抓捕进步青年时，已成学运骨干的赵树理闻讯逃离学校，开始漂泊流浪的生活。因少时略通医术，他便身着长衫，身背褡裢，手摇串铃，以行医混饭吃。1928年，他报考沁水县招小学教师考试，榜上有名。次年春被捕，押至太原，因无"罪证"，不久释放。

1931年初，赵树理的第一篇公开发表的作品，竟刊在北平《晨报·北晨艺圃》上。这是七言诗《打卦歌》，通过一个问卜者的诉说，呈现军阀混战年代黎民百姓颠沛流离的苦境。从此，一发而不可收，他的作品开始在山西各地报刊发表。如长诗《歌生》，中篇小说《铁牛之复员》，短篇小说《有个人》《金家》《盘龙峪》等，至1936年，他写了三十万字。内容多是他熟悉的农村的人和事。

1936年，赵树理创作了短篇小说《打倒汉奸》。小说描写同一村的两个青年离开故土，出外闯荡，却走上了截然不同的人生之路。一个贪图享乐，出卖灵魂，当了令人不齿的汉奸，把乡亲卖给日军当苦力。一个苦度生活，忍受饥寒，坚守灵魂走正道。两人回到村子，当汉奸者，企图杀人灭口；而正直爱国者，与乡村合力给汉奸以惩罚。

《打倒汉奸》反映农村群众身上蕴含着抗日救国的强烈爱国主义精神，也显示了赵树理熟悉农村生活，善于描写农民的长处。特别是小说无论叙事还是对话，都采用地道鲜活的通俗易懂的语言。尽管作品在艺术上尚显稚嫩、粗糙，但其浓郁的乡土气息，老少咸宜，雅俗共赏，使中国文学出现了一种独具气韵的与众不同的小说风格。

特别是1943年，赵树理的《小二黑结婚》由华北新华书店出版。不久，他又创作出《李有才板话》。1945年，他的《李家庄的变迁》出版。赵树理的小说在探求文学民族化、大众化方面，让人们耳目为之一新，也确立了赵树理极其特殊的文学地位，被誉为文艺界的"方向"。赵树理也成为解放区文坛一颗璀璨的星辰。

文学作品是一种审美对象，试图简单判断文学作品是容易的，而按文学自身规律评价作品是困难的。故我国自古就有"文无定法""诗无达诂"的遗训。艾略特、韦勒克、沃伦诸大师，也无灵丹妙药。本书并不想在此问题上纠缠，只关注 1946 年至 1947 年国内对赵树理文学创作的各种评价。

2

老实说，赵树理于 20 世纪 40 年代悄然走上解放区文坛，在国内并无多大动静。1946 年 6 月，延安《解放日报》文艺副刊隆重连载《李有才板话》后，延安文学界热闹了一阵子。周扬以其敏感的政治嗅觉，发现了赵树理创作与毛泽东《在延安文艺座谈会上的讲话》间的独特关系，便在《解放日报》上发表《论赵树理的创作》一文，这样评价赵树理的创作：

> 一个在创作、思想、生活各方面都有准备的作者，一位在成名之前已经相当成熟了的作家，一位具有新颖独创的大众风格的人民艺术家，他的笑是那样轻松，那样充满幽默，同时又是那样严肃，那样热情。光明的、新生的东西始终是他作品中的支配一切的因素。

1947 年 8 月 10 日，《人民日报》发表《向赵树理方向迈进》一文，标志着我党对赵树理小说的推崇达到了一个新的高度。

但在国统区，赵树理小说的传播与评价，则出现了复杂的局面。

那时，在国统区，赵树理的小说并未引起读者特别是有影响的评论家太多的注意。

1943 年，《李有才板话》在重庆《群众》杂志连载。1945 年，抗战胜利后的 10 月，上海的《新文化》全文刊载《小二黑结婚》。1946 年，时任晋察冀中央局宣传部长周扬，将《李有才板话》带到上海，有意识地向解放区外传播赵树理的小说。同年 8 月，《解放日报》还发表了《沪文化界热烈欢迎解放区作品》一文，称：

> （《李有才板话》）在沪连出三版都已销售一空，买不到的人到处借阅，青年群众中争相传诵，并给文艺界注射进了新的血清，大家对于解放区生活的幸福和写作自由也更加向往。

1946 年下半年，解放区各出版社都将赵树理的小说当作重点出版。10 月，有我党背景的上海希望书店，特意出版赵树理小说集，收入《李有才板话》《小二黑结婚》《地板》三篇小说并附有周扬写的《论赵树理的创作》。12 月，又有上海知识出版社出版《李有才板话》，该集收有《李有才板话》《小二黑结婚》、周扬的《论赵树理的创作》，又加入茅盾写的评论《关于〈李家庄的变迁〉》及郭沫若写的评论《读了〈李家庄的变迁〉》。

到 1947 年，这两部书又分别在上海、重庆再版。香港也有几家出版社，分别出版《李家庄的拆迁》《小二黑结婚》《李有才板话》的单行本或小说集。这一年，解放区有意识地将赵树理小说向全国推介。与此相匹配，解放区对赵树理小说的评论也达到了高潮，而且是一片叫好之声。

在国统区，对赵树理小说的评价，则并非与解放区同步，甚至有着明显的差异。

3

朱自清在 1947 年 2 月 15 日读完《李有才板话》，接着于 2 月 18 日读完《李家庄的变迁》。他认为赵树理小说"是一种新题材的小说（见其日记）"。身在国统区的朱自清，对赵树理小说的题材有兴趣，并未论及文本。

他在 1947 年 10 月 10 日写的《论百读不厌》一文中说：

> 前些日子参加了一个讨论会，讨论赵树理先生的《李有才板话》。座中一位青年提出了一件实事：他读了这本书觉得好，可是不想重读一遍。大家费了一些时候讨论这件事实。有人表示意见，说不想重读一遍，未必减少这本书的好，未必减少它的价值，但时间匆促，大家没有达到明确的结论。

朱自清从小说与诗文阅读审美的异同方面，说："笔者同意：《李有才板话》即使没有人想重读一遍，也不减少它的价值、它的好。"该文最后说："'百读不厌'究竟是个赞词或评语，虽然以趣味为主，总要是纯正的趣味才说得上的。"其意在表明，赵树理的《李有才板话》未能让青年"想重读一遍"，总是一种缺欠，一种不足。

4 月 28 日，朱自清发表《论通俗化》，在新文学通俗化、大众化的思想史层面顺便提及赵树理的小说。他认为民众生活发生改变，他们自己在旧瓶里装了新酒，用起旧形式来，意义才不会同。比如赵树理的《李有才板话》中，运用"快板"是因为先"有了那样生活，才有那种农民，才有那种快板，才有快板里那种新的语言"，《李有才板话》中"快板和那些故事的语言或文体都尽量扬弃了民族形式的封建气氛，而采取了改变中的农民的活的口语"。最后提出，赵树理小说"是在结束通俗化而开始了大众化"的新鲜观念。他在《论雅俗共赏》中论及大众化时，又提出"大众化却更进一步要达到那没有雅俗之分，只有'共赏'的局面"，认为赵树理的小说在大众化方面，尚有距离。联系朱自清在《论百读不厌》一文中论鲁迅、茅盾小说的耐读和趣味，明显可见朱自清对于通俗易懂的作品的价值评判上的矛盾和困惑。

与解放区高度评价赵树理小说相比，左翼作家中重要的理论家胡风，对此却表现出耐人寻味的冷静和沉默。

1946年7月，周扬携赵树理小说到上海，有意识地宣传其小说时，曾专程去拜访胡风，向他谈及赵树理的小说。《胡风回忆录》有这次会面的回忆：

> 周扬来访……他和我谈到延安的一些老朋友和作家们的情况，如对赵树理作品的推崇等。

周扬在论及赵树理是"实践毛泽东同志文艺方向"的解放区作家的代表时，胡风只是冷冷地听，却始终不置一词。这两位理论家的尴尬晤面，自有历史渊源，但最根本原因，是二人对政治与文学的关系的不同理解。特别是作为一个有自己文艺思想的理论家，胡风对新文学传统主流的现实主义有着自己的理解。此时的胡风，在对"五四"以来新文学，特别是对革命文学历史经验的反思中，形成了体验现实主义的理论体系。虽然是仍有不够成熟的反思，也有其偏执和缺失，但他作为一个独立支撑而又命运多蹇的批评家，对现代文学的理论批评建设，有着独特的贡献。20世纪40年代，胡风强调"主观战斗精神"的理论，反感一些人将人民抽象化、理想化，故意贬低知识分子历史作用的倾向，强调作家在创作过程中的主观能动作用。在这一点上，胡风显然和赵树理务实的农民式的现实主义大异其趣。

早在1944年，胡风在重庆时，就与毛泽东《在延安文艺座谈会上的讲话》精神发生过激烈冲突。了解胡风的文艺观念，读者自会明白在周扬极力向国统区推崇赵树理小说时，胡风为什么三缄其口，不予回应。

推崇赵树理小说，与周扬的文学观有关。周扬的现代批评理论，更多地表现为政治实践的形态，具有鲜明的党派性。他一直认为，任何文学总是从属于政治，代表政治的，是政治关系的反映。他曾说，"在广泛的意义上讲，文学自身就是政治的一定的形式"（《文学的真实性》）。当然，周扬也谈文学性，他说"文学和科学、哲学一样，是客观现实的反映和认识，所不同的，只是文学是通过具体的形象去达到客观的真实"。周扬的这一理论，不仅代表左翼批评界的普通的观念，而且形成"一点两线"的批评范式。"一点"即批评总有一个明确的着眼于作品的教育意义。"两线"其一是思想内容分析，其二是语言形式分析。

　　在胡风对赵树理小说保持沉默的时候，赵树理小说也进入小说家沈从文的视野。依据就是 1947 年 9 月 10 日，沈从文在《一首诗的讨论》这封信中，曾偶尔提及赵树理，认为其小说题材与废名、芦焚、艾芜等人的作品"同属一型"，又"稍近变革"。任葆华在《沈从文与赵树理》（《新文学史料》2008 年第三期）一文中，推断说沈从文此前曾读过《李有才板话》，发现其特点。但可以认定，沈从文当时对赵树理小说不会有太多的赞誉。因为读《沈从文全集》可发现，1949 年后，沈从文在私人信件中，曾有几次涉及赵树理小说，认为《李家庄的变迁》"叙事朴质，写事好，写人也好，惟写过程不大透，有些如从《老残游记》章回出来的。背景略于表现"。

　　沈从文构建自己的"湘西世界"时，体现了主体意识的特有范型。这正是他对中国乡土文学乃至中国现代文学的独特贡献。他对赵树理在写人叙事时，对背景描写和心理描写的忽视，岂能认同。

　　沈从文、胡风是顺着鲁迅、周作人、施蛰存等人开辟的"人的文学"的发展路径，在深化现实主义中提出了"主观战斗精神"，在继承浪漫主义文学传统中提出了"抽象的抒情"，对中国文学有自己的想象，其文学思想与赵树理并不一致。

4

郭沫若在国统区是最早对赵树理小说表态的重要人物。

1946 年 8 月至 9 月，郭沫若在解放区连续写了三篇评论当时并没引起太多关注的赵树理小说的文章，给予赵树理小说高度评价。

1946 年 8 月 16 日，他在上海《文汇报》上发表的《板话及其他》一文中说：

> 我是完全被陶醉了，被那新颖、健康、简朴的内容和手法；这儿有新的天地、新的人物、新的意义、新的作风、新的文化，谁读了，我相信都会感兴趣的。

1946 年 9 月，他在《文萃》第四十九期上，又发表了《读了〈李家庄的变迁〉》一文，还是以诗人的气质，赞美道：

> 一株在原野里成长起来的大树子，它根扎得很深，抽长得那么条畅，吐纳着大气和养料，那么不动声色地自然自在……

让郭沫若最感兴趣的，是赵树理小说散发的浓郁的"原野"气息及赵树理在自由的环境中自由创作的状态。而对赵树理小说与《在延安文艺座谈会上的讲话》之因果关系，未涉及。特别是周扬在这之前，已在《长城》发表那篇著名的《论赵树理的创作》，《解放日报》也已转载，那文章分明论证了赵树理创作与《讲话》的紧密关系。郭沫若皆视而不见，这令周扬很失望。从中，我们也发现躲在国统区的郭沫若，更关心的是作家创作精神和创作环境的自由，这与周扬代表的解放区文艺标准大有异趣。

　　身在上海的茅盾，也读到了由周扬带到上海的赵树理小说，几乎与郭沫若同时，他在《群众》上发表了《关于〈李有才板话〉》一文。比起郭沫若的热情洋溢，茅盾对赵树理小说的评价显得平淡许多。茅盾虽同意周扬关于《李有才板话》是"农民与地主的斗争"之说，但茅盾强调解放区的土改斗争，让人们看到了农民生活改善的斗争过程和真相。与周扬所着意强调农村阶级斗争激烈残酷并不同调。在茅盾眼里，《李有才板话》中的农村虽发生着思想变化，但并没超出旧的乡村田园式变化，没有变成残酷的阶级斗争的世界。

　　但让人大为吃惊的是，过了两个多月，茅盾在《文萃》第二卷第十期发表的《论赵树理的小说》一文中，其冷淡的论调陡然大变。文章一开头，便把读者带到残酷的阶级斗争视野，说"赵树理先生是在血淋淋的斗争生活中经验过来的，而这经验的告白就是小说《李家庄的变迁》"。文章的结论，是《李家庄的变迁》"不但是解放区生活的一部成功的小说，并且也是'整风'以后，文艺作品所达到的高度水准之例证……表示了'整风'运动对于一个文艺工作者在思想和技巧的修养上会有怎样深厚的影响"。

　　茅盾是文艺研究会系的主要文艺批评家，他的文学创作和文艺批评观念的核心，是客观理性地反映时代和社会生活。9 月，他以此理念写了《关于〈李有才板话〉》。12 月，他发表以阶级斗争意识写的《论赵树理的小说》。两篇评论竟然发生如此大的变化，我们只能理解为，当时的阶级斗争文艺观，已成为解放区文艺思想界所要求的阶级斗争理论。那时文学与政治的关系已经被向单化：政治是文学的目的，而文学则是政治力量为达到自身目标可能选择的手段之一。作为党员的茅盾，不能不迅速向此靠拢。

　　有个事实，不能回避，1946 年至 1947 年，在明确论定赵树理小说是"最具体的实践了毛主席的文艺方针"之后，解放区内和国统区有组织、有规模地出版发行赵树理小说，郭沫若、茅盾等人撰写赞美赵树理小说的评论，甚至发表国统区读者如何喜欢赵树理小说的通讯，热热闹闹地掀起宣传赵树理小说的高潮。然而，1948年未至1949年元月，赵树理又突然遭到解放区的批评。《人民日报》发表了《邪不压正》等六篇文章，以争鸣名义批评赵树理小说。这真让赵树理和广大读者都始料不及。

所幸，1949年拟在北京召开的《中华全国文学艺术工作者代表大会》正筹备，在一派团结祥和的氛围中，对赵树理的批评渐渐偃旗息鼓。赵树理不仅被选入中华全国文学艺术联合会全国委员会、常务委员会，还在大会上做了《也算经验》的发言。

5

赵树理从创作一开始，就决心把文学"变成为大众、由大众的东西"，做一个"文摊文学家"。

到了抗日战争期间，赵树理在《黄河日报》当副刊编辑。当年任《黄河日报》党支部书记的何微，曾写过《对赵树理的几点回忆》一文，有个细节值得一提：

> 有一次，他说了几分钟的一个小段，今天晚会我不唱戏，也不讲故事，讲讲文化娱乐吧。
>
> 咱们这个晚会，叫作文化娱乐晚会，为啥打日本，闹革命，还要文化娱乐呢？我们做工作，好比毛驴拉碾拉磨，驮炭驮水，一天半晌过来，干活累了，让毛驴喘喘气，歇歇劲儿。卸了驮子，卸了驮架，套包笼头毡都卸了，牵着驴儿在太阳地里转上几圈。转着转着，毛驴就懒洋洋地跪下两条前腿，躺倒在干土地上，美美地打个滚儿，裹上一身浮土，又滚过来，滚过去，滚得四脚朝天，好舒服啊。歇上会儿，浑身上下一抖擞，抖掉满身浮土，蹦起来，喷喷鼻子，翻翻嘴唇，扬

起脖子，放开嗓门，鼓着肚皮，胡呵胡呵一叫唤，又精神了，干起活来又是一身劲了。

文化娱乐就像驴打滚，没点文化娱乐不行，可是光驴打滚，不干活，就不是只好驴子了。所以做工作，闹革命，都要学会驴打滚。可千万别做打滚驴。

人们顿时哄得欢笑起来！然而笑过之后，真正赞同他的人却寥寥无几。

别只把上面赵树理讲的当笑话听，这是作家赵树理以形象思维独特地阐述文化娱乐与革命的辩证关系。

当年，在太行山解放区，集中了不少来自全国各地的知识分子，也不乏作家。他们都是在新文化运动和欧洲文艺复兴思潮的浸濡下，走入文学艺术殿堂的，在他们的文学观念中，一直把"文以载道"视为济国安邦的神圣事业，所谓"文章经国之大业，不朽之圣事"者也。赵树理把这么神圣的殿堂，当成驴打滚的场院，显然亵渎了文学艺术。但是赵树理把"文化娱乐"比喻成"驴打滚"，却真正道出文艺的本质。

郭沫若评赵树理的那两篇文章，对赵树理创作环境和创作精神的自由的称赞，与赵树理把"文化娱乐"比喻成"驴打滚"，其文化精神，是一致的。

赵树理的大众化书写，也一直被人误解。以为赵树理小说的"通俗化""大众化"，是赵树理本人没多少文化的"土得掉渣"的农民本色而已。这实际是一种误解。

曾任人民文学出版社社长的严文井，曾对笔者专门讲过赵树理的深厚的学养。严老说：

出乎我意料之外的是，他还读过不少五四时期的文艺作品和一些外国作品的译本（包括林纾的译作），他科学常识很丰富……肚子里装的洋货不少……

在一次闲谈中，有人不知怎么说起了某个人的"桃色新闻"，赵树理一下子联想到契诃夫的《在避暑山庄里》，便详细地讲了那个幽默故事的内容和细节，甚至连巴维尔妻子恶作剧写的那封假情书，都差不多背了下来，逗得大家笑出了眼泪。笑过之后，有人禁不住问："老赵几时迷上了外国的东西？"

其实，若读赵树理早期作品，你会看出他是既有深厚的国学功底，也很熟悉西方的艺术手法。通过一个人问卜算命，揭露军阀混战、民不聊生的《打卦歌》，有白居易《琵琶行》的诗风。写借尸还魂的故事的《歌生》，那分明有元曲的神韵。

而且，在向西方汲取文化营养时，赵树理带有批判精神。他说："读外国作品，总觉得文字别扭，不合中国人的欣赏习惯，在感情上跟它格格不入。"还说："翻译的东西读多了，受了影响，说话写东西也变了腔调，这会限制读者的圈子，限制在知识分子中。"于是，在借鉴中，赵树理自己蹚出了一条"通俗化""大众化"的路子。

赵树理的"通俗化""大众化"，开始并不为文化人待见。抗战胜利后，丁玲在太行山革命根据地忙于写她的《太阳照在桑干河上》。一次参加了农村的骡马大会，看到了会上演出的赵树理编的秧歌戏《娃娃病了怎么办》，很不以为然。不久，她写了一篇《论砖窑湾骡马大会》。文中对赵树理的秧歌戏做出这样的评价：

就其本质而言，赵树理不是个艺术家，而是个热心群众事业的老杨式干部。

丁玲这番对赵树理创作的轻蔑，实际上是代表了当时文化界对赵树理的普遍评价。

周扬是最早给赵树理小说以高度政治评价的，说他是作为"一个在创作、思想、生活各方面都有准备的作者，一位在成名之前已经相当成熟了的作家，一位具有新颖独创的大众风格的人民艺术家"（《论赵树理的创作》）。但从前面介绍可见，对于如何评价赵树理的成就与地位，一直存在着分歧和争论。当下，这种分歧与争论似还在继续。

"落入文字皆成精品"的林徽因，生命"燃烧着点点血"

身着铠甲的并非能成为将军，而冲锋陷阵的士卒一定是战士。

如若"陀思妥耶夫斯基往往是被当作好像没穿制服的将军"，并不妨害陀氏之伟大的话，那么称看上去艳丽如花，而毕生活跃在文坛，并为捍卫中华建筑美学而鞠躬尽瘁的林徽因为战士，也不为过。

作为一代才女，她的高雅艺术气质颇具魅力。她的诗歌成就最大，散文、戏剧也有力作。"动笔咨嚣，但凡落入文字皆成精品"。她善于写北京胡同里形形色色的人生，观察女性颇为细腻，笔端充满对人类的悲悯。

她一生有意漠视自己的文学作品，这构成她文学人格的魅力。

1

1947 年，清华园教师住宅区新林院八号梁思成和林徽因住宅门前，竖着一块与人相高的木牌，上面写着："这里住着一位病人，需要静养，过往行人，请勿喧哗。"

刚刚从上海飞到北京的萧乾，收到林徽因的信，让他"留一个整天给她"，于是，他到清华园探望她时，看到了上面的那块木牌。

自 1938 年夏，萧乾到香港办《大公报·文艺副刊》，林徽因遥遥支持。1939 年 6 月，她在《文艺副刊》发表《除夕看花》：

　　新从嘈杂着异乡口调的花市上买来，

碧桃雪白的长枝，同红血般的山茶花，

着自己小角隅再用精致鲜艳来结彩，

不为着锐的伤感，仅是钝的还有剩余下……

过年也不像过年，看出灯笼在燃烧着点点血

帘垂花下已经记不起旧时热情、旧日的话……

除夕的花已不是花，仅一句言语梗在这里，

抖战着千万人的忧患，每个心头上牵挂。

诗中有离愁，更多的是山河破碎的忧患。

1940 年，他远赴英伦，二人一别就是七年。到了 1946 年，萧乾经香港飞上海，仍兼管《大公报·文艺副刊》。1947 年春，病中的林徽因又将《给秋天》等三首诗文给《大公报》，与萧乾批评文艺界大举祝寿之风的社评，同发在"五四"文艺专号上。萧乾的社评，惹恼了一些"神圣"，家庭关系遭到歹人的破坏，深受刺激，这才离开上海，到北平，创办《新路》。

《给秋天》写道：

正与生命里一切相同，

我们爱得太是匆匆；

好像只是昨天，

你还在我的窗前……

可是我爱得多么疯狂，

竟未觉察凄厉的夜晚

已在你背后尾随。——

等候着把你残忍的摧毁！

该诗是写爱情的，但透过爱情，病中的诗人要表达的却是人生理想的破灭，有对国家命运的忧患存焉。

老友见面，便是彼此滔滔不绝的诉说。

算起来，萧乾与林徽因是老朋友了。

1933 年，从辅仁大学转到燕京新闻系的萧乾，深秋时写了一篇短小说《蚕》，请沈从文指教。不料不久，《大公报·文艺副刊》竟登了出来，这是他的小说处女作，他自然喜不自禁。但好事还没完，又过几天，沈从文给他写信说，一位绝顶聪明的小姐，看上了你那篇《蚕》，要请你去她家吃茶，并约他周六下午一道去这位小姐家。

萧乾自然又兴奋又紧张，老早就把那件蓝布大褂洗得干干净净，把旧皮鞋擦得闪闪发光，然后骑车从燕京大学进城到了达子营，随沈从文走进总布胡同那间当时赫赫有名的北平文学沙龙"太太的客厅"。

原本，他听说"太太的客厅"主人林徽因重病缠身。可是一见面，他有些惊呆了，林徽因竟身穿一套西式猎装，长长的马裤更显身材修长，她微笑着在客厅迎候他们。林徽因才思敏捷，语言锋利，几乎总是她一个人微笑着滔滔不绝地说。在座的梁思成、金岳霖、沈从文是插不上嘴的，只能边吸着烟斗，边不断点头，而萧乾却激动而拘谨。自此，他与林徽因成了朋友。除了在"太太的客厅"里聊文学，他们还经常到另一个文学沙龙去聚会，那就是朱光潜先生家的"读诗会"。在那里，林徽因仍是主角。因她大量阅读了当时报刊的文学作品，涉猎甚广，又有剀切中理的批评，大家都爱听。萧乾发现，她见解独到，从不模棱两可，更可贵的是她批评一些作品的同时，又很热诚地指出其可贵之处。比如，有一次她当着诗人梁宗岱的面，数落了人家一通。梁宗岱也是诗坛极有才华者，常常是不服人的，于是在"读诗会"的一角，二人严肃却友善地争论起来。

1935 年夏，萧乾到天津去编《大公报》，几乎每个月都回北平，在"来今雨轩"茶社举行《大公报》作者茶会。他一方面为了组稿，另一方面听取大家对办报的意见。林徽因几乎每次都到会，而且都会发表一通很在点子上的宏论。

1939 年，萧乾重回上海，编沪津两地《大公报·文艺副刊》。林徽因是热心的支持者之一。是年，萧乾利用《大公报》创报十周年之际，策划举办文艺颁奖活动，并编一本《〈大公报〉小说选》。他想到了林徽因，她慨然参与。她认真编选，很快就选出三十篇优秀小说，除选了当时文坛名家如老舍、张天翼、蹇先艾、沙汀、凌叔华、李健吾的作品以外，还慧眼识珠，选了当时鲜为人知的后起之秀隽闻、宋翰迟等人的作品。

林徽因还为《〈大公报〉小说选》写了题记，强调作家要真实，要写自己熟悉的作品：

> 撇开自己熟悉的生活不写……因而显露出创造力的缺乏，或艺术性的不真纯……更有个性、更真诚地来刻画这多方面的错综复杂的人生，不拘泥于任何一个角度。

这年，良友公司出版《短篇佳作集》时，林徽因特别推荐了萧乾的《矮檐》，并写信给他，还是谈作家真诚的问题。可惜萧乾一直保存的这封信，在"文化大革命"爆发，文化遭遇劫难时，化为灰烬，随风而逝了。

到了 1937 年夏，梁思成、林徽因这对夫妇，正在山西五台山一座古寺里，为发现罩满灰尘的木梁上的建造年月而欣喜的时候，忽闻七七事变，全国抗战爆发。他们于深秋时节，逃难到长沙，与正准备到大西南去的萧乾、沈从文、杨振声、朱自清等不期而遇。等萧乾他们走后，日寇飞机轰炸长沙，尚滞留在长沙的林徽因，在给费正清的信中，记录了这次日寇的空袭：

昨天是长沙第一次遭到空袭，我们住的房子被日本飞机炸了，炸弹就落在离我们住所的大门约十五码的地方，我们临时租了三间房，轰炸时，我妈妈、两个孩子、思成和我都在家，两个孩子还在床上生着病……

　　当我们听到落在左近的两颗炸弹的巨响时，我同思成就本能地各抱一个孩子，赶紧奔向楼梯。随后，我们住的那幢房子被炸得粉碎……

　　当我们正扑向清华、北大、南开三家大学合挖的临时防空壕时，空中又投下一颗炸弹。我们停下了脚步，心想，这回准跑不掉了。我们宁愿一家人在一起经历这场悲剧，也不能走单了。这颗炸弹落在我们正跑着的巷子尽头，但并没爆炸。我们从碎玻璃碴里把所有的衣物（如今已剩不下几件了）刨出来。目前正东一处西一处地在朋友们家里借住……

　　林徽因出身豪门，是一代名媛，哪里经历过这般残酷的生死之劫？但从这封信中，我们读出了她身上的另一面，那就是勇敢坚强和对家庭亲人友朋挚爱的一面。

　　到了昆明，萧乾与杨振声、沈从文住在北门街，林徽因一家与张奚若等则居于翠湖畔。那时林徽因的弟弟正在空军服役，她家里常有年轻的飞行人员出入。林徽因听到许多空战故事，与萧乾他们在一起讨论文学时，鼓励他写写这些为保卫蓝天而战斗的天之骄子。萧乾遂有写飞行员与敌鏖战的《刘粹刚之死》问世。

　　到了1938年，萧乾飞香港，继续办《大公报·文艺副刊》，林徽因一直支持他的工作。次年，萧乾去英国，成为欧洲战场的名记者。

　　如今，七年后重逢，他们有说不完的关于战争、人生、友谊、文学的话题。

2

　　林徽因是一代才女，驰骋文坛多年，坚持"京派"小说统一的审美感

情是诚实、从容、宽厚的艺术风格，拥有大批读者。在"京派"作家随抗
战而风流云散后，她是硕果仅存的几个"京派"文学家之一。但是，她终
身的专业是研究中国古代建筑，并从事这方面的教学活动。

抗战时期，在战火中颠沛流离的林徽因一家，随中国营造学社和中央
研究院历史研究所等，迁居四川宜宾附近的南溪县李庄。不久，林徽因肺
病复发，卧床不起。但她自强不息，在床上研读"二十四史"中有关建筑
部分，为与丈夫合作《中国建筑史》做准备。在空军服役的三弟林恒，在
一次驾机对日空战中，不幸阵亡。

1944 年，林徽因在李庄写《忧郁》《哭三弟恒》二诗。《哭三弟恒》云：

> 弟弟，我没有适合时代的语言
>
> 来哀悼你的死；
>
> 它是时代向你的要求，
>
> 简单的，你给了。
>
> 这冷酷简单的壮烈是时代的诗
>
> 这沉默的光荣是你
>
> ……　……
>
> 青年的热血做了科学的代替；
>
> 中国的悲怆永沉在我的心底
>
> ……　……
>
> 啊，弟弟不要伤心，
>
> 你已做到你们所能做的，
>
> 别说是谁误了你，是时代无法衡量，
>
> 中国还要上前，黑夜在等天亮……

这诗洋溢着诗人对弟弟的爱，对祖国的爱，歌颂了弟弟为国捐躯的壮举，把失去弟弟的悲痛与对贫弱的祖国的悲痛联在一起。须知，林徽因正重病卧床，失去骨肉的悲痛，并未击倒她，她的心是强大有力的。

是年，悲痛且病重的林徽因，协助丈夫梁思成写作《中国建筑史》，并在油印的《中国营造学社汇刊》上，发表《现代住宅设计的参考》一文。

1945年8月，抗战胜利。梁思成接受清华大学的聘请。次年春，在胜利喜悦的感召下，林徽因病情好转，先到重庆，再飞昆明，与那里的老友张奚若、金岳霖、钱端升等老友相聚，把酒言欢，共叙抗战离乱之苦、友人相聚之乐。林徽因自然要以诗记游，遂写《对残枝》《对北门街园子》二诗。

8月，桂花飘香之时，全家从重庆飞回北平，住进清华园，梁思成以教授兼系主任身份主持清华大学建筑系，而林徽因在清华园安家之后，主动为清华大学设计教师住宅区——胜因院。

10月，梁思成应美国耶鲁大学之邀，为访问学者。刚刚开办的建筑系的许多工作，只能落在林徽因的病身上。她几乎是在病床上，为建筑系做了大量卓有成效的工作，并与年轻教师建立融洽关系，带他们在广阔的学术领域大显身手。年轻人早就听说梁、林二师1937年到山西五台山佛光寺探宝的逸群绝伦的事迹。

梁、林二人在北平图书馆的《清凉山〈山西五台山〉志》中，看到有关佛光寺的记载，那里是四大佛教圣地之一。或可有古老建筑遗存，于是决定去碰一碰运气。1937年6月，梁、林夫妇和同纪玉堂、莫宗江四人，到五台山，不入台怀，而奔豆村。在开满晚杏花的崎岖山道上，他们骑毛驴萦回环绕而行。坡陡路狭，幽谷深渊，危险至极。黄昏时分，到达豆村，夕阳中远远见到湮没无闻的佛光寺斗拱大殿的雄伟身姿，他们激动异常。因为那斗拱大殿，非唐代莫属。当时，唐代建筑在国内已寥若晨星。

他们安营扎寨于贫困的山沟里，对唐代建筑佛光寺进行考察、测绘，为了弄清该寺的准确修建年代，林徽因和丈夫等人爬上"平闇"顶板，从脊檩上寻找墨迹。顶板上暗黑无光，他们只好再由檐下爬进去，用手电照看。只见尘土鸟粪有半尺厚，有成千上万的蝙蝠盘踞。一直如是工作了几天，他们才在苦不堪言的秽气和蝙蝠惊飞中，发现古籍上记载的国内唯一的"叉手"实物。几天后，他们在当地老乡帮助下，搭了九米高的木架，爬上去，将被单浸水，一节节小心擦拭，终于发现写在大梁上的墨迹，准确断定佛光寺始建于唐大中十一年（857 年）。这是国内唐代建筑留存第一瑰宝。

他们在佛光寺，不仅发现"叉手"，还发现了唐代壁画、宋代壁画、唐代塑像等珍贵文物。

莫宗江回忆佛光寺之行时说："可贵的是林（徽因）先生，看上去是那么弱不禁风的女子，但是爬梁上柱，凡是男子能上去的地方，她就准能上得去。"

金岳霖也曾讲过，在总布胡同住时，有一天，"我听到门外有人叫'老金，老金'，找了半天并没有人啊，等我抬头一看，原来林徽因站在房顶上"。

林徽因出身名门世家，但她为了事业的忘我精神，尤其让年轻教师感动。梁思成去美后，创立建筑系的工作，实际上落在了林徽因身上。她那时病在床上，却全力支持系里聘请的第一位教师吴良镛的工作，事无巨细与他研究协商，出谋划策，为他当坚强后盾。同时，她身先士卒，带病上课。

后成为清华教授，当时是建筑系第一班学生的朱自煊回忆说：

> 林先生从 1947 年 1 月开始授课，讲住宅设计、装饰等。当时的建筑系设在水利馆二楼，台阶很高，生病的林先生根本上不去，我们就到她家里听她讲课。

到了这年夏天，梁思成从美返国，决定改建筑系为营建系。夫唱妇随，林徽因积极支持丈夫，参与这一工作，还用朱自煊的话："他们的一生都奉献给了同一个事业。我们平常都称他们为'梁林'。梁先生的图比林先生画得好，而林先生的文笔比梁先生更流畅，文学味道更浓醇。"

林徽因重回北平，又在清华结识了不少本校和北京大学等校的教授和中青年教师。既然他的家已成了教室，那么又何妨作第二处"太太的客厅"呢。他们经常聚在清华园她的家中，兴致勃勃地谈文学，谈建筑美学，从埃菲尔铁塔到京剧名角杨小楼，从曼斯斐尔到沈从文，林徽因总有浓厚的兴趣，总是兴高采烈、滔滔不绝地谈自己超越群伦的独到见解。

这边厢林徽因勤奋地工作，激动地与友人讨论，那边厢结核菌也在不断地入侵她的肺和肾。在 1947 年冬，严寒的北风呼啸，家人把她送进医院，大夫告诉她，必须把那只病肾切除。热爱生活的她，无限悲凉而又无奈地面对这一切。手术成功了，健康却又恶化了。她在当时写了《小诗》二首、《写给我的大妹》和《恶劣的心绪》等诗。

《恶劣的心绪》写于手术前：

> 我病中，这样缠住忧虑和烦扰，
> 好像西北冷风，从沙漠荒原吹起……
> 吹散记忆正如陈旧的报纸飘在各处彷徨，
> 破碎支离的记录只颠倒提示过去的骚乱……
> 我希望，风停了；今晚情绪能像一场小雪，
> 沉默的白色轻轻降落地上；
> 雪花每片对自己和他人都带一星耐性的仁慈，
> 一层一层把恶劣残破和痛苦的一起掩藏；
> 在美丽明早的晨光下，焦心暂不必再有，——
> 绝望要来时，索性是雪后残酷的寒流！

林徽因并不惧怕死，但诗中分明有强烈的生的欲望。那是"轻烟似的微哀，神秘的、象征的依恋感喟追求"。打动人心的，仍然是她那些细腻地表现了真情实感或精致感觉的玲珑剔透的诗。因为它保持着诗人原有的明净与新鲜。

3

时光流逝很快，1948 年，林徽因手术后，身体竟然慢慢好转，以至于可以在大雪纷飞的 2 月，由夫婿挽扶，在已见萧疏的清华园散步。她在病中写的三组六首诗，在友人杨振声主编的北平《经世日报·文艺周刊》发表。其中《六点钟在下午》曰：

　　用什么来点缀

　　六点钟在下午？

　　六点钟在下午

　　点缀在你生命中，

　　仅有仿佛的灯光，

　　褪败的夕阳，窗外

　　一张落叶在旋转！

　　用什么来陪伴

　　六点钟在下午？

　　六点钟在下午

　　陪伴你在暮色里闲坐，

　　等光走了，影子变换，

　　一支烟，为小雨点

继续着，无所盼望！

这诗"是洒脱的，上下片对称的两段体格律诗，自然是作者自创的格律，在这个意义上就还是自由诗"。这是当代诗人邵燕祥 1985 年写的《林徽因的诗》(《女作家》)中的话。他还说："林徽因在这里以像唐人绝句或宋人小令那样寥寥几笔，捕捉并发现了诗人主体感受跟客体光影物象相交流、相契合的一瞬。"林徽因的诗，音韵铿锵，产生强烈的艺术冲击力，简直就是一首首隐去了曲谱的动听的歌弦。

老哥邵燕祥在 1951 年春夏之交，为一件工作到清华园拜访梁思成，有幸见到过林徽因一面。她的脸色显得苍白，带有病容，"但一双眼睛深邃有神"，她没说几句话，但仪态风度印证了她的诗，使他始信诗如其人，人如其诗。

1948 年底，清华园北面彻夜响起隆隆的炮声。不久，解放军便在清华园门口张贴四野十三兵团政治部的布告，要求军民保护这座高等学府，不得入内骚扰。校门外却有大量民工把攻北京城的云梯等器材，源源不断地往城那边运。一场攻坚战似一触即发。梁、林夫妇见状，忧心忡忡。炮火一开，古城将不存。

又是大雪漫天。忽有一天，一辆军用吉普车，停在梁宅门前，从车上跳下几个解放军军官，头戴皮帽，很客气地走进客厅。他们受上级指派，向建筑学家请教，被迫攻城时，哪些重要文物古迹必须保护。梁、林夫妇欣喜异常，忙将要重点保护的文物古迹，详细标在他们带来的军用地图上。

军官彬彬有礼，道谢而去。林徽因被感动得热泪盈眶，久久地站在窗前，望着吉普车消失在茫茫雪地……

时光流逝，人们在谈到林徽因时，总爱谈她"万古人间四月天"那唯美浪漫的诗歌，但真正让"民国女神"林徽因不朽的，不只是诗文，还有她那份对祖国的热爱，对事业的坚持与忠诚，以及一身铮铮不屈的风骨。她亲自参与共和国国徽图案的设计和人民英雄纪念碑须弥座的设计，挽救了北京的景泰蓝生产。

在北京城遭到大规模拆毁之时，1953 年 3 月的一次座谈会上，林徽因当着副市长吴晗的面，铁骨铮铮地批评他们破坏北京古城的错误：

你们把古董拆了，将来要后悔的，即使把它修复起来，充其量也只是假古董！

林徽因逝世后，梁思成为妻子设计了墓碑。老友金岳霖和邓以蛰联名送了挽联：

一身诗意千寻瀑，万古人间四月天。

朱自煊这样评价这位在文苑科圃中双负盛名的才女：

讲林先生是才女，是美女，都是外表，最难得的是她的高贵品质，一生都处在逆境中，但从不发牢骚，一直在积极为建筑事业做贡献。

笔者以《你是人间的四月天》中的诗句收尾：

你是一树一树的花开，是燕
在梁间呢喃——你是爱，是暖，
是希望，你是人间的四月天！

第三章

民国三十七年

（1948 年）

丁玲以社会现实主义创作《太阳照在桑干河上》；胡适"做了过河卒子"；郭沫若发表《抗战回忆录》；茅盾完成长篇绝唱《锻炼》

1948 年，众叛亲离的蒋家王朝已风雨飘摇，在天下不归于杨（朱）则归于墨（翟）的历史节点，朱光潜、毛子水等十六位学者在《周论》周刊联名发表《中国的出路》，表达广大知识分子对民主制度的信念和对极权主义的深刻忧虑。

7 月，北平五千多名流亡的东北学生和平请愿，拒绝国民党招其"当兵"，遭军警枪杀十三人，酿成"七五"惨案。北平高校四万零四位进步教授、讲师联名抗议当局暴行，提出惩办凶手、释放学生等六项要求。

随着《观察》等进步报刊被封杀，《生活》周刊发表告别书《告别了，再见》，蒋介石御用高参陈布雷绝望自杀，垂死挣扎的国民党政府走到了尽头，一个时代合乎逻辑地终结了……

丁玲尝试以社会现实主义创作长篇《太阳照在桑干河上》

丁玲，是怀着一团昂扬着生命激情的烈火，在大革命时代蓬勃的洪流中投入文学的，后又在革命的感召下，带笔从戎，成为一位战士作家。丁玲在作家和战士之间，一直伴着内在精神状态的自我抗争，"经历过很多的自我战斗的痛苦"（丁玲《〈陕北风光〉校后版》），走完"崎岖"的人生。

延安时期，是丁玲一生中最为重要的时期。在延安，丁玲的生存境遇发生深刻改变，为她在 20 世纪 40 年代末创作出其代表作《太阳照在桑干河上》准备了条件。

《太阳照在桑干河上》，以亲历的土地改革的情绪体验，力图客观呈现当时中国农村乡绅威权的骤然崩塌与阶级社会对于宗法社会的重构进程。小说刻画了贫苦农民从观望到火爆武斗地主的觉醒，完成了土地改革的镜像图解和对暴力复仇的思想认同。

至于丁玲这种社会现实主义写作尝试，引发出"党的文学"对于"人的文学"的叙事困境，是令丁玲及当时文坛始料不及的。

1

日本投降后，国内政局发生深刻变化，国共交手，似是早晚的事情。中共中央一方面力争与国民党和谈，和平解决国共争端，一方面号召我军对可能发生的全面内战严阵以待。同时，派遣大批干部，挺进华北，接管东北。

延安的文艺工作者，积极响应党的号召，纷纷开赴各解放区，进行革命斗争。首批文化人陈荒煤、葛洛等已经前往山西太岳地区，以艾青为团长的华北文艺工作团也已向张家口开拔，由丁玲、杨朔组成的"延安文艺通讯团"，也准备经晋绥解放区前往东北，从事新闻报道工作。

问题是，延安整风几经风波，丁玲的政治甄别尚未做出结论，她无法离开延安，这令丁玲心神不宁。于是她去枣园找一直待她不错的任弼时请示，任弼时很痛快地答应了，鼓励她去东北参加新的战斗，他对丁玲说："你放心走吧，到前方大胆工作吧！党相信你不会有什么问题，我们都知道。"（丁玲《忆弼时同志》）

联想1937年毛泽东在延安书赠丁玲的《临江仙》：

壁上红旗飘落照，西风漫卷孤城。保安人物一时新。洞中开宴会，招待出牢人。

纤笔一枝谁与似？三千毛瑟精兵。阵图开向陇山东。昨天文小姐，今日武将军。

丁玲这几年思想经历的变化，真让人感慨唏嘘。

1945年秋天，丁玲、杨朔率"延安文艺通讯团"，告别缓缓流淌的延河和矗立在蓝天下的宝塔山，从延安出发。丁玲坐在马车上，一直面向延安，直到被群山遮住。"青山遮不住，毕竟东流去"，延安给她留下太多的记忆，太多的喜悲，太多的虚妄和真实。她曾在这里感受到生命极限的体验，如同天堂和地狱之间开出的顽强的一朵小花。

延安时期，丁玲发表《三八节有感》，同时在她主持的报纸上签发王实味的《野百合花》等随笔杂文，其实动机是帮助党开展延安整风的，原本想助"三风"不正的人放下包袱。"脱裤子""割尾巴"的话语实践，是为当时党中央认可的，并非丁玲借整风发泄对延安政权的不满，只是后来因党的政策节奏变化过快，丁玲、王实味的随笔杂文似乎成了延安整风的导火索，但这是不符合实际的（见李向东、王增如《丁玲传》）。

但丁玲挨批评，也自有其个人的问题。丁玲个人，一直是个矛盾的综合体，其思想和话语实践，也始终呈现斑驳色彩，其内涵并非单一、透明的，而是多向、丰富的，如同她既穿咖啡色丝绒"旗袍"，又着粗灰色棉布"军袋"，并未完成最终的"蜕变"。她一生都贯穿了真实的自我挣扎、自我战斗。从这个意义上，后来进城后被打成"右派"、反革命头目，不断遭遇被囚禁、被侮辱、被劳改，这是丁玲的宿命。其命运注定她成为一个时代悲剧的承受者。这自然让人想起萧军在延安跟毛泽东所预言的，丁玲终究要成为：

代表这个世纪的女人上十字架受难的人。

丁玲与"延安文艺通讯团"经陕甘宁边区，渡过滔滔向东的黄河，在大山里走了些日子，来到晋绥解放区。途中，丁玲写了几篇类似通讯和报告文学之类的文章，分别是《介绍俘虏学习队》《阎日合流种种》和《躲飞机》等。后载在《解放日报》和《晋察冀日报》。

丁玲一行于 1945 年 11 月初抵达晋绥的兴城，稍加休息，又经岢岚、五寨、神池和阳高等地。到了这年年末，在严寒的口外风沙中，丁玲一行到达张家口，晋察冀中央局所在地，休整一段时间，不料去往东北的交通中断，只好留在张家口工作。那时，丁玲已四十一岁。

2

1946 年 1 月 6 日，丁玲在张家口，为那里的年轻人做了题为"青年知识分子的修养"的演讲。3 月，丁玲又与陈明、逯斐深入宣化的森下瓦窑厂，体验生活之后，三人合作创作三幕话剧《"望乡台"畔》（后改为《窑工》）。该剧反映的是在日伪统治下，窑工受压迫欺凌的悲惨生活，发表在当年4月的《北方文化》上。1949年，大众书店出版了单行本。

不久，丁玲受《晋察冀日报》社长邓拓之邀，到报社主编该报文艺副刊。1946年夏，解放区华北文联成立，丁玲负责主编综合性文艺期刊《长城》。7月10日，《长城》创刊号上，丁玲写了《编后记》。在这三天之前，丁玲等人致电美国新闻界，抗议美国政府军事援助国民党政府，呼吁美国人民制止美国政府。

很快，晋察冀解放区的土地改革运动开始。丁玲辞去《长城》主编职务，参加晋察冀中央局组织的土改工作队，先到怀来辛庄，后到涿鹿温泉屯一带参加土改。

丁玲在桑干河畔，热情地投身土改工作。她按照上级指示，与工作的队员一道，挨门挨户深入贫苦农民家里，调查研究，讲革命道理，激发农民翻身求解放的积极性。在土改运动中，她自身也受到阶级教育，作为一个成熟的作家，火热的斗争生活，激起她创作一部反映土改革命的长篇小说的激情。

是年9月，国共内战加剧，平绥线战事吃紧，完成温泉屯土改任务的丁玲，随队返回张家口，不久即奉晋察冀中央局命令，向冀南山区撤离。

南撤途中，秋色萧瑟，群山环抱，山路崎岖，乱石嶙峋。丁玲沉思不语，任山风吹乱短发，凭秋叶萧萧披肩，她只顾向前。队伍行至阜平县时，一路沉默的丁玲，突然高声对同伴说："我的小说已有眉目，只等纸笔了！"

所谓小说已经构成，只是个初步构想而已，往后真的动笔，过程漫长，困难重重。准备创作时，丁玲又随队到冀中行唐等地参加土改工作，然后又回到华北联大继续准备创作。《中国土地法大纲》颁布，丁玲参加土改会议，再次到获鹿参加土改工作达四个月。

丁玲大约是于 1946 年冬天，在阜平县红土山村，动笔写长篇小说《太阳照在桑干河上》。当时，冀南农村的条件十分艰苦，笔者为写此文，曾在河北小说家谈歌的帮助下，到阜平去寻丁玲当年创作小说的故地，但一切都被湮没在了岁月的尘埃里。那里的乡民早已不知丁玲为哪方神圣，憨憨地问"她是干啥的"。倒是河北老作家徐光耀告诉笔者，当年丁玲只能坐在老乡家的土炕上，趴在炕桌上进行写作。那时纸张奇缺，山区乡间除了过年贴对联、门神，几乎找不到纸。偏偏一位老乡从一堆垃圾堆里，捡到一本日本鬼子投降后丢弃的厚厚的账本，这真是有如神助。丁玲以忘我的激情和久经磨砺的文学手笔，在旧账本上，创作了《太阳照在桑干河上》，力求真实地反映这场中国农村发生的土地革命的壮阔图景。

1948 年 6 月，一个五更时分，当丁玲放下手中早已磨秃的钢笔，合上旧账本，顾不得久坐炕头落下的腰椎增生的剧烈疼痛，伸伸双臂，对起炕披衣，正往灯盏上添油的丈夫陈明淡淡地说："终于写完了。"但陈明在丁玲已有皱纹的眼角，看到晶莹的泪珠在闪烁。

《太阳照在桑干河上》，初稿五十四章，四十万字。陈明和住在晋察冀青年联合会的吴小武，还有一位文学爱好者秋晴姑娘，日夜兼程地誊抄复写了两份《太阳照在桑干河上》。吴小武得提一提，他就是萧也牧，当时在《时代青年》当编辑，他喜欢读丁玲作品，热情参与誊抄复写工作。

3

《太阳照在桑干河上》的问世，并不顺利。

书稿由陈明、吴小武等誊抄复写两份后，《时代青年》主编康濯将其中《果树园》一章拿去发表。1947 年秋天，丁玲在阜平县广安镇学习《中国土地法大纲》时，将小说完成的部分拿去给周扬看。周扬时任晋察冀中央局宣传部部长，一直未对小说发表意见。但据后来丁玲于 1955 年 3 月在电影剧作讲习会上，做《生活、思想与人物》讲话时说，周扬没与丁玲谈论这部小说初稿，谁知在一次会议上，主持会议的彭真同志批评说："有些作家有'地富'思想，他就看到农民家里怎么脏，地主的女孩子很漂亮，就会同情一些地主富农！"

丁玲接着说，"这话可能是对一般作家讲的，但我觉得每句话都是冲着我"，"所以很苦恼"，她对周扬片面理解《太阳照在桑干河上》并打小报告的事很不满意。

1948年初春，正在华北联大忙于《太阳照在桑干河上》收尾工作的丁玲，接到中央妇委的通知，她已被批准作为中国妇女代表团成员之一，准备经东北前往匈牙利，参加世界民主妇联第二次代表大会。

恰在这时，丁玲又接到周扬致她和沙可夫的信："设文工委事，华北局已同意，人选已确定，有你、萧三、沙可夫、荒煤、赵树理，请你负主责。"（《丁玲年谱长编》）

准备去匈牙利开会，小说尚未完稿，这让丁玲十分矛盾，加之周扬又向邓颖超打电话，表示丁玲不去匈牙利开会。邓颖超几次与丁玲通信交换意见后，5月25日，邓颖超再次致信丁玲说："我觉得你以文章服务，亦宜有多方面的活动与配合。出国是国际活动，亦可是为了写文章，写文章与国际活动统一起来，当可解决矛盾。"

于是，丁玲听取了邓颖超的意见，于6月14日离开驻地，去西柏坡报到。

到了中共中央所在地西柏坡后，见到毛泽东等领导同志。丁玲十分激动。她在写给丈夫陈明的信中说：

　　……主席告诉我收到了前年我给他的信，他说我已经到了农村，找到了"母亲"，"写母亲"，我了解土地，他问我的作品，并且答应

> 我读我的原稿……天快黑时，又坐汽车到他的家，在他家里吃晚饭，他又同我说，我的名字是列在鲁、茅、郭一等的……（《致陈明》，见《丁玲全集》）

周恩来也对丁玲说："这次派你出国，除了开会，还有一个任务，就是向人家学习，要争取见到苏联作协责任人法捷耶夫。"

在西柏坡，她请胡乔木、萧三、艾思奇审读《太阳照在桑干河上》书稿，并向胡乔木请求，如小说在政策上没问题，希望在华北出版。据丁玲后来说，胡乔木、萧三、艾思奇读后，都认为"写得不错"。但胡乔木出于慎重，考虑华北中央局宣传部部长周扬对此书稿有不同意见，在丁玲出发前，派人递来条子，说再看看。

丁玲对胡乔木此举，甚感不解，在 6 月 26 日的日记中，记曰：

> ……（陈）伯达同志来看我，告诉我稿子可以出版，艾思奇同他谈过了，他觉得里面有些场面写得很好，尤其是斗争大会。他对周扬所说的原则问题，及所谓老一套都不同意……可是下午乔木来了条子，仍只说俟看后出版。他为什么要这样慎重呢……我实在有些不耐了……

丁玲对书不能在华北出版，深为不解，只好带着书稿与出国的一行人向东北进发。刚抵大连，胡乔木从西柏坡发出的电报也来了：

> 稿子只需动几个小地方就可以了，作为作家代表，应该带一本书出去参加会议。

丁玲见此电报，高兴得几乎跳起来，如同怀胎十月就要生产般，她长长吁了一口气。按胡乔木意见，略作修改，丁玲把书稿交大连光华书店出版。

后来，从陈明自石家庄市委宣传部写给丁玲的信中得知，《太阳照在桑干河上》能够出版，另有玄机。小说经艾思奇、萧三、江青三人看过，联名写下了四条意见，请求中宣部批准出版。那四条意见，帮了丁玲大忙。

其一，《太阳照在桑干河上》是第一部规模较大、较有系统较为文艺地反映土改的作品，内容符合党的政策。其二，故事发展、人物处理恰当、自然、地方风景、人物写得生动、真实。其三，缺点是不够深刻，但仍在水平以上。有些作者自己旧的笔调，但也有许多新的语言。其四，个别错误的地方（已代为改正）。他们开会时陈伯达也在场，如此这般，中央同意在华北出版。

接到陈明的来信，丁玲对邓颖超、胡乔木、艾思奇等人感谢不尽。

《太阳照在桑干河上》出了精装、平装两种。精装封面由画家张仃设计，深蓝布面，庄重大气。

丁玲终于如愿以偿地拿着还散发着油墨香味的新书，于11月9日夜，乘专列离开已是冰天雪地的哈尔滨，取道莫斯科，到达布达佩斯，参加了国际民主妇联召开的世界妇女第二次代表大会。会间，通过《保卫和平宣言》，丁玲、许广平等被选为世界民主妇联理事会候补理事。回国途中，丁玲在莫斯科拜会了法捷耶夫，并将一部精装本《太阳照在桑干河上》恭敬地捧给他，为她的《太阳照在桑干河上》获斯大林文艺奖，铺平了道路。

4

《太阳照在桑干河上》到底是一部什么样的作品？一直争论不休。

在被称为"乡土中国"的国度里，每个中国人都与乡土有着血肉联系。

这种乡土血缘注定了中国作家文本中的乡土性。"乡土文本"所具有的宏大、深厚、稳定的叙述，规约着和限制着作家讲的故事。在中国历史的发展变迁中，土地被意识形态不停地修整和改写，但土地庞大的同化力、内潜力、稳定性、永恒性仍然把它叙述为具有独特形态的文本。

抗日战争特别是解放战争爆发后，解放区的许多作家中断个人内心的探索，而会聚到集体性的活动中。以 20 世纪 40 年代中期诞生的反映土地革命的《暴风骤雨》和《太阳照在桑干河上》为例，两部长篇小说都是以当时流行的阶级斗争思想观念来把握乡土，失去了普遍性和与我们共同的对命运的挣扎。自这两部小说产生，农民题材的小说，几乎变成一种固定的叙事方式，乡土越来越退掉自身的丰富与意义，越来越失去其地域风姿而变成千篇一律的"革命的土地"。新时期文学对乡土重读，把乡土从模式化的叙述中解放出来，各式各样的观念被注入到对乡土的阐释中，促进了《古船》《白鹿原》等史诗性乡土文本的产生。

《太阳照在桑干河上》与《暴风骤雨》均以农村土地改革为题材，在当时被视为解放区长篇小说中成就最高、影响最大的两部作品。

说《太阳照在桑干河上》成就高，是小说配合了当时的土改运动，写出了土改斗争的某些本质方面，这让它成为全面反映土地改革全貌的独立完整的长篇小说。

小说以晋察冀一个叫暖水屯的村子为背景，集中笔墨，重点描写了农村尖锐复杂的阶级斗争，力求揭示各个阶级人物的不同精神状态，展示中国农民在共产党领导下，已经走上光明大道。小说是以意识形态话语对乡土的权威性改写。

《太阳照在桑干河上》是从一个后来被错划成富农的富裕中农顾涌，在附近村子听到土改风声开始的。小说以独特细腻的笔触绘声绘色地写出了土改运动风暴到来之前，暖水屯各色人等的心理变化，有山雨欲来风满楼的氛围。

小说以张裕民、程仁与钱文贵、李子俊，贫农与地主的矛盾斗争构成了全书的基本矛盾。张裕民是屯子里的第一个共产党员，他对革命忠心耿耿，他老练沉着、大公无私、坚决果敢，尽管有时思想模糊，但在群众中很有威信，是全村举足轻重的人物。程仁从小给地主当长工，朴实憨厚，对地主钱文贵有本能仇恨。由于他与钱文贵的侄女黑妮有感情，斗争中有思想矛盾，但他在阶级斗争的疾风骤雨中最终站稳了立场，与乡亲一道，向地主阶级进行了勇敢斗争。另外，小说还刻画了恶霸地主钱文贵奸诈狡猾地对抗土改斗争，但作为丰富的典型形象来要求，其个性还不够突出，甚至比不上胆小绝望的地主李子俊、凶恶阴险的地主江世荣等生动、鲜活。

《太阳照在桑干河上》，遵循现实主义的创作原则，把众多人物放在特定的土改斗争历史条件下和斗争环境中加以表现，总体上看，既发掘出他们要求翻身、敢于革命的本质，又注意到千年的封建生产关系在他们身上留下的烙印，不掩饰其存在的缺陷、弱点及在残酷斗争中的思想顾虑和波动。故这些正面人物写得相当真实。

《太阳照在桑干河上》值得肯定的是，从农村阶级斗争内在的原因，对共产党的领导作用揭示得相当深刻。小说中的工作组和县委宣传部部长章品，在暖水屯发动并领导土改斗争，并没写成救世主、超现实的英雄人物，小说写了他们身上的某些稚气。

在艺术上，《太阳照在桑干河上》有着既壮阔又细密相和谐的特色。书中写了主要人物近四十位，通过这些人物心理和行动的变化，让读者身临其境地感受到土改斗争广阔的社会生活图景。

但是，乡绅钱文贵与众乡民的私人恩怨，通过土改动员，很快上升为阶级仇恨，贫下中农的阶级意识在二十多天就被唤醒，复仇诉求也在一夜之间被全面调动起来。双方刀枪相见，正面对抗，钱文贵们在斗争中彻底惨败，农民权力顺利构建，土改运动完美收官。这未免把阶级斗争处理得太过简单化，它的可信性大打折扣，甚至让读者怀疑，丁玲这样处理土地改革时严酷的阶级斗争，是否符合马克思主义唯物史观和科学态度。丁玲是否已成为马列主义者，也让人怀疑。

当然，从《莎菲女士的日记》到《太阳照在桑干河上》，我们看到丁玲二十多年来，为中国现实主义文学发展做出了可贵的贡献，这是不能抹杀的。

1952年，《太阳照在桑干河上》获得斯大林文学奖二等奖。1989年，美国文学艺术院又授予丁玲荣誉院士称号，认为她是20世纪伟大的小说家之一，赞美她一生与专制主义做斗争的不屈不挠精神。

作品获斯大林文学奖二等奖，是苏联政府对年轻的中国革命文学的奖励；而丁玲被美国文学艺术院授予荣誉院士称号，赞美她毕生与专制主义做斗争的不屈不挠精神，是美国价值标准不怀好意的挑衅。

今天，当我们反思文学中的乡土文本，可以视之为整个中国的经验，而重读《太阳照在桑干河上》设置的在二元对立模式结构进行中的故事，你还适应吗？

胡适拒绝做总统候选人，"做了过河卒子，只能拼命向前"

1946 年 6 月 5 日下午 3 时半，胡适从纽约搭乘邮轮启程归国，结束了旅美八年八个月零十天的漫长生活。在邮轮慢慢起锚，驶出码头那一刻，胡适情不自禁地仰起头，仰天长啸："别了，美国。别了，纽约！"

1

1945 年 9 月 3 日，胡适接到教育部长朱家骅的电报，说南京政府已决定由他担任北京大学校长一职，在他归国之前，由他的学生傅斯年代理。十天后，蒋介石又致电胡适："北大复员事宜，亟待恭筹洽商，望兄早日回国主持校务，并图良晤。"

原来的北京大学校长蒋梦麟，抗战胜利后出任国民政府行政院秘书长，故北大校长之职须重新任命。蒋介石心仪胡适或傅斯年担任，因胡适在美，便让教育部长朱家骅征询傅斯年的意见。为此，傅斯年于 8 月 17 日，向蒋介石力荐胡适，信中说：

> 北京大学之教授全体及一切有关之人，几皆盼胡适之先生为校长，为日有年矣。适之先生经师人师，士林所宗，在国内既负盛名，在英美则声誉之隆，尤为前所未有。今如以为北京大学校长，不特校内仰感俯顺舆情之美，即全国教育界，亦必以为清时佳话而欢欣。在我盟邦更感兴奋，将以为政府选贤任能者如此，乃中国政府走上新方向之

证明，所谓一举而数得也。

适之先生之见解，客与政府未能尽同，然其爱国之勇气，中和之性情，正直之观感，并世希遇……盖适之先生之拥护统一，反对封建，纵与政府议论参差，然在紧要关头，必有助于国家也。今后平、津为学校林立文化中心之区，而情形比前更复杂。有适之先生在彼，其有裨于大局者多矣。

很多人物，出于政治原因，而被淹没于历史尘埃中。傅斯年便是其中重要人物。今天重新审视他们那代人的命运，其心中的执着与彷徨，清晰可见。

傅斯年曾一直学他的老师胡适，倡导"纯学术"，声称"二十年不谈政治"。但学术研究需要经费，他不得不向政治求助。日寇侵华，傅斯年岂能脱离政治。但是知识分子的自由灵魂受到政治独裁的羁绊时，或因从政而笼罩在腐败"官场"阴影之下时，其本能的反抗也如影随形。于是傅斯年在对蒋介石的维护和批评中"最后被政治吞噬"，这是那个时代一部分自由知识分子的宿命。他致蒋介石的信，虽是对胡适的真诚、客观的评价，但那也是自己的政治态度，让人看到傅斯年作为书生的个体生命消解于历史理想与现实政治夹缝中复杂的灵魂状态。对此，胡适是有深刻体会的。

傅斯年所云，颇为客观。9 月 8 日，任命胡适为北京大学校长的消息正式公布后，北大同人及全国各界朋友，特别是上层知识分子反响热烈，皆为之欢欣鼓舞，纷纷致电，盼胡适早日归国就职。

周鲠生于 9 月 2 日致电胡适称：

国内学界政界之进步分子，到处仰望我兄回国领导，学术教育界尤须有领袖人物，重树权威，一新风气。北大复校之期不远，切望慨然出肩重任。

江泽涵于 9 月 3 日致胡适函曰：

> 今日是胜利日，北大的事真是千头万绪，不知从何说起……你越能早回北大一天，于北大的好影响越大。凡是与北大有关的人，几乎全体渴望你回来。

9 月 15 日，张其昀致信胡适说：

> 先生允任北大校长职，不胜欢忭。三十年来北大是中国新思想的策源地，为中外所公认。今后在先生领导之下，确立学院自由的尊严，料想异卉争妍，烂漫向荣，其盛况定属空前……领导群伦，以踏上民治的正轨，那更望有学府的山斗来主持全国的议坛，想海内人士均有此期待……

其社会名流如丁树声、贺麟、饶毓泰、罗常培等也都纷纷致信胡适，殷切希望胡适早些到校履职，并给予很多建议，如举荐张文裕、钱学森、李四光等理工科杰出人才，推介吴晓铃、张政烺、任继愈等文科人才，到北大任职。

在当时的中国，胡适作为知识分子的领袖地位，毋庸置疑。他出任北京大学校长，更是众望所归。胡适是作为自由主义知识分子的代表，出现在社会上的。如傅斯年向蒋介石推荐胡适出任北大校长时所说，胡适的政治立场"与政府未能尽同""与政治议论参差"，保持着自己独立的政治立场和独立的文化人格。

就在蒋介石拟任胡适为北京大学校长之际，胡适于 8 月 24 日，给毛泽东发了一封电文，由王世杰转，电文如下：

> 感念旧好，不胜驰念。前夜与董必武兄深谈，弟恳切陈述鄙见，以为中共领袖诸公今日宜审察世界形势，爱惜中国前途，努力忘却过去，瞻望将来，痛下决心，放弃武力，准备为中国建立一个不靠武装的第二大政党……中共今日已经成为第二大党，若能持之以耐心毅力，将来和平发展，前途未可限量。万不可以小不忍而自致毁灭。

抗战刚刚结束，中国人民反对内战、企盼和平，如大旱而望云霓。胡适在这封电文中以他的独立政治立场，表达他对战后的和平希望，但他当时在美国，对国内情况并不十分了解，贸然提出让共产党"放弃武力"，说明他的政治立场明显站在国民党一边，这是那个时期自由主义作家的普遍立场。但以此证明胡适一贯坚持反共，则也未必。就是这位胡适，在国民党声色俱厉大肆宣传"剿共"并付诸军事行动的年代，曾发出正义理性之声。他与丁文江合作在《独立评论》上，发表《所谓"剿匪"问题》一文，说：

> 大家都知道，国民政府所谓"匪"，就是武装的共产党。自从国民党反共以来，对于反共的名词，经过了几次的变迁，最初的时候是"清共"，以后是"讨共"，到了最近是"剿匪"，但是共产党并没有因为国民党对于他们改变了称呼，就丧失了他们政党的资格，更没有因为由"清"而"讨"而"剿"，减少了武装的实力……事实就是长江流域产生了第二个政府。

胡适还分析说："共产党是贪污苛暴的政府造成的，是日日年年苛捐重税而不行一丝一毫善政的政府造成的，是内乱造成的，是政府军队'赀寇兵、资盗粮'造的。"故胡适振聋发聩地提出：固然"共产党是有组织、有主义、有军队枪械的政敌"，国民党也应该"正式承认共产党不是'匪'，是政敌"，断然要求"停止一切武力'剿匪'的计划与行动"。

上面胡适所言，实际上代表了自由主义作家的政治主张。如联系1937年11月，周恩来在国民党五届三中全会之后召开的国民大会上的发言，提出要国民党开放党禁，释放政治犯，保障人民言论、集会、出版等自由，使国民大会建立起民主统一的政治基础的需求，胡适、丁文江等《独立评论》同人们的"政治意见，更是反映了中国共产党的政治主张"（《胡适传论》）。

简单地断定胡适一贯反对共产党，是一种失之客观的不公平的论调，也是对历史的不尊重。

后来，罗隆基、史良等八十九人联名发表告国人书，反对内战。不久，马叙伦、陶行知等一百六十四位有社会影响的知识分子也发表呼吁和平的公开信。

反对内战，是全民的声音，也是共产党的主张。

2

地球人都知道当今世界有个国际组织，即联合国。但鲜为人知的是，胡适是"联合国"之名的发明者。读者读了上面这么多枯燥乏味的叙述了，引证后，该兴奋一下。

先从1945年2月的雅尔塔说起，在那里，英、美、苏三国首脑形成个决议，决定于4月25日，在旧金山召开联合国会议。雅尔塔会议不久的3月5日，由美、英、苏、中四国为发起国，向已加入《联合国家宣言》的反法西斯国家，发出参加美国旧金山会议的正式邀请书。第二次世界大战即将以法西斯国家灭亡而结束，胜利国家得坐下来分享胜利成果了，这本身是个骗局，美、英、苏三国早就在秘密争吵中得到了他们想要的一切。召开联合国会议，无非是确认他们的所得，然后将他们饕餮盛宴后的残羹剩饭，分给那些贫弱的同伙而已。中国经历浴血奋战，却失去属于自己的大片疆土和权益。当然，胜利毕竟是件好事。3 月 27 日，中国国民政府行政院公布了中国出席旧金山会议的代表团成员名单共十一人，胡适大名赫然在目。除共产党人董必武、青年党人李璜、国社党人张君劢以外，就是国民党和非党派人士，首席代表是宋子文。

关于"联合国"的发明权，得说说。那是 1942 年 9 月初，胡适卸任驻美大使，应邀到华盛顿大学召开的国际学生大会去演讲，他演讲的题目就是"The United Nations"，即"联合国"。胡适演讲之后，中央社华盛顿 9 月 6 日电称：

> 甫经卸任之中国驻美大使胡适，顷在国际学生代表大会最后一次会议上发表演说，警惕各学生谓："和平不仅应将其获得，且应求其实现，谓建立一种有效之集体安全制度，乃此一代人类之第一职责。"

据该电文介绍，胡适认为"余主张吾人应集中目标于包括在大西洋宪章中之全面式集体安全"，"上次大战以后，所建立之世界秩序之主要缺点，乃未为此等集体安全制度规定方策对付法律及和平之可能破坏者，此为吾人无可置疑者。余之一代虚耗二十载光阴，而未创设能使世界安于民主政治及人道主义之程序与机构"。为此，他认为最低要求：应"吾人须具有效之全面安全制度，使丹麦、瑞士及中国等亦如此苏联、大英帝国及美国之同享安居之福"。

上面胡适呼吁"实现集体安全制度"及其"程序与机构"，就是他设计的"联合国"雏形。应该说，1945 年成立的联合国，其原始设计师，胡适也。

1944 年 8 月，中国代表团首席代表顾维钧，率中国代表团出席了在华盛顿郊外敦巴顿橡树园召开的美、中、英、苏四国会议。这是联合国成立前一次重要的准备会议，其主要任务是草拟《联合国宪章》和准备会议提案。

在这次会议上，就发生了苏联驻美大使葛罗米柯受其国家之命百般刁难中国，企图排除中国于"四强之外"的丑剧。顾维钧等中国代表以严正立场和智慧，粉碎了苏联的阴谋，捍卫了中国作为联合国创始人的地位。

中国代表团敢于在敦巴顿四国会议上，捍卫自己国家的权益，是鸦片战争之后，难得地表现出一个大国的尊严。这不是因为我们足够强大，这是我们艰苦卓绝的抗日壮举，为世界反法西斯战争和胜利，做出了卓越的贡献，赢得了国际尊重后应得的收获。

1945 年，在美国的胡适，作为中国代表团首席代表，于 11 月 1 日至 16 日，前往伦敦出席了联合国科教文组织会议，参与制定该组织的宪章，会议准备任命胡适为该组织总干事，被胡适辞谢。

在美期间，胡适忙于抗战外交之外，并未放弃学者本分。他曾致信王重民，请他托孙楷第在北平代为收购《水经注》旧本，并雇人抄文津阁本赵一清的《水经注释》，写了《全校水经注辨伪》等多篇研究文章，但当时他未发现在立足上是错误的。到了 1947 年，胡适看到学者全望祖写的《五校水经注》抄本后，才发现"五校"与"七校"的一百二十三水的次序完全相同，这才知道以前所写的关于《水经注》的判断皆错了。胡适遂公开承认自己以前认定"五校"的"序目"与"题词"是王梓材伪造的观点，是错的，并在他前后那些文章上都注明了"错了""有错""大部分错的"等文字。他还开始考订全望祖的"题词"写成年月，系统研究全校《水经注》

的各种版本。学术来不得半点疏忽，胡适勇于承认研究中的谬误，其求实精神贯穿他的一生。

1945 年，他还写了《海外读书笔记》(续)、《记但明伦道光壬寅刻的〈聊斋志异新评〉》《跋赵一清〈水经注释〉钞刻本四种》等。

3

1946 年 7 月 4 日黄昏时分，胡适乘坐的邮轮，抵达闷热的上海吴淞口外，远处是晚霞中的上海。

胡适在那天的日记中动情地写道：

> 九年不见祖国的落日明霞了。

次日，邮轮在驳船的牵引下，停靠在上海码头。

上海市长吴国桢，在大酒店设宴接风，胡适当夜下榻百老汇大厦。夜半，离别九年的老妻江冬秀从安徽绩溪上庄故里赶来团聚。夫妻执手凝望，欲语泪先流。

7 日，上海各报均以"胡适不适"上了头条。说来也怪，胡适从纽约起程时，即大吐三次，抵达上海第二天又是大吐大泻，脱水几致昏迷。思念祖国过甚耶？14 日，蒋介石得知昨日到南京的胡适身体已无恙，邀其在总统府共进早餐。胡适在日记说，与蒋晤面，"席间相谈甚欢"。下午，兴致勃勃的胡适，又出席为他举办的中外宴会。蒋梦麟、王世杰一众故交老友出席。挨过国难，再度相见，众人感慨良多，举杯欢庆，心情格外舒畅。

20 日，回到上海，胡适又出席上海学术界、新闻出版界、各大学校长为他举办的盛大欢迎茶会。据上海《申报》报道，胡适即席发言，云"我们要再吃五年或者十年苦"，"咬紧牙关，尽力挽救和改善目前的局面"，自己则"预备回来做一个教书匠"。其乐观精神，溢于言表，对"悲观居多"的文化人，无疑有一种鼓舞。

29 日，胡适飞回北平，到北平机场迎迓的，有北平当局李宗仁、萧一山，还有傅斯年、郑天挺等朋友。卜居东厂胡同北大宿舍，思念太重，一草一木总关情，酷暑的北平让胡适感到了亲切温暖。

农历八月二十七日，是孔子诞辰纪念日。中国历代王朝到此时，都要举行祭祀典礼，以纪念被称为"至圣先师"的春秋时期著名教育家孔子。民国建立，延续了这一传统，并将此日定为教师节，祭孔之日，教师放假。但抗日战争烽火起，无奈暂停。抗战胜利，北平在全国率先恢复祭孔。时任北平市长的熊斌，宣布于 8 月 27 日在北平举行祭孔活动，自任主祭官，北平各界名流绅耆为陪祭官。作为北大校长的胡适自然被邀陪祭。熊市长粗心大意，或缺乏起码知识，以公历代替农历，在坊间被嗤笑。

到了祀礼大典前两日，北平的《世界日报》发出消息称，胡适辞谢陪祭官，令北平舆论大哗。消息称：

> 二十七日祀孔典礼，昨下午四时，先在孔庙大成殿举进演习，到熊斌……等数十人。陪祭官中，原有北大校长胡适之，但胡昨已婉辞，谓回平未久，校务太忙，不能参加。外间推测，以胡在五四时代，曾以"打倒孔家店"号召青年，此种典礼，就胡氏学术思想立场言，自无参加可能，当局以胡名列入陪祭，或当时偶欠思考。

次日，《世界日报》直接采访胡适，以求证胡适态度。后该报发表"特讯"报道说：

> 首询二十七日祀孔典礼，外传胡辞陪祀官是否事实。胡谓，确已

辞谢，并得熊市长同意。惟胡谓孔子为世界最伟大思想家之一，其诞辰值得纪念，不过宗教仪式，非彼所喜。

关于"特讯"中说，胡适肯定孔子为"世界伟大思想家之一"，乍听，似很新鲜。通常，人们只知道在"五四"大潮涌动时，胡适和那代知识分子都提倡过"打倒孔家店"。但是，胡适与鲁迅、郭沫若等人有些意气扞格地全盘否定并穷其一生都在批判孔子不同。

胡适的"打倒孔家店"，主要是针对"被后儒严重改造过的孔夫子教义和这个教义在意识形态领域的独尊地位，而非历史上的孔子本人"（《胡适传论》）。

鲁迅曾称胡适为"现代中国的孔夫子"，郭沫若称胡适为"当今孔子"和"圣人"，以表他们对孔子和胡适的否定、讥讽。但是，他们何曾想到，这讥讽却给了孔子和胡适以文化的正确定位，是他们始料不及的。胡适是正确地传承了儒文化精髓的代表者之一。这形成有意味的反讽。

到了 1953 年 1 月 17 日，胡适重申了对孔子的认识：

孔子的学说，经过两千年，至少有一部分失去了时代性，同时经过了许多误解。三十年前，我们的确领导批评孔子，我们批评孔子，是要去掉孔子一尊，使与诸子百家平等。我们不打倒一尊的孔家店，没有法子使得思想解放，思想自由。但是我六十二年来，还是继续对孔子佩服，我觉得他这个人，是很不了得的。

他没参加北平的祭孔典礼，并非不尊重孔子，而是如他所说，只是"宗教仪式，非彼所喜"。他认为祭孔，已变成了宗教形式，与他的无神论相悖。

胡适是个坚定的无神论者，在这一点上，与马克思的唯物主义是一致的，他从小就接受了无神论。胡适从父亲那里，接受了宋代理学的自然主义宇宙观，从孔孟那里得到"不语怪力乱神"的存疑主义的思想哲学。十几岁已将鬼神、佛道、因果、轮回驱扫殆尽。

他自己曾说，少年时读《资治通鉴》，其中有一段记范缜反对佛教的故事，说：缜著《神灭论》，以为"形者神之质，神者形之用也。神之于形，犹利之于刀。未闻刀没而利存，岂容形亡而神在哉"。

司马光引了这三十五个字的《神灭论》，其中用刀与利的关系，浅显形象比喻形与神的关系，这很有利于少年胡适对灭神论的理解。后来他到美留学，更坚定了他的无神论。对胡适来说，他的"宗教"是"国家"，是真理。

接下来，胡适又忙于应酬各种欢迎他的活动。同时，他很快进入角色，主持召开北大相关会议十多次。他安排新学年全面工作，重点研究北大院系新建制和重要干部设置，以及各系科教师聘任诸问题。

一切就绪后，胡适于 10 月 10 日在国会街北大第四院，举行北京大学新学年开学典礼。让人耳目一新的是，迎门挂有"热烈欢迎胡校长""要求学术自由与思想自由"横幅，门内壁报上用大字写着"纪念双十节要打破士大夫阶级的可怕的冷静，宣泄几十年在统治阶级下的苦闷与怨恨"标语。

在胡适看来，北京大学早已失去 1917 年和 1918 年那时开时代风气的蓬勃朝气，也失了领导社会新潮流的精神高地。

开学典礼于 10 时开始，没任何仪式，校长胡适上台演讲。胡适讲完北大历史和光荣传统，又表达要把北大办成一个"成样子的学校"，其方向是"提倡独立的、创造的学术研究"，培养学生"利用工具的本领，作一个独立研究、独立思想的人"。

讲话中，他大声对全校师生说：

我是一个没有党派的人，我希望学校里没有党派，即使有，也如同各种不同的宗教思想信仰自由一样，不管你是什么党派，学校是学校。我们没有政治的歧见，但先生与学生要知道，学校是做人做事的机关，不要毁了这个再过多少年也不容易重建的学术机关。（天津《大公报》、重庆《大公报》）

在国民党全面推行一党天下、一党专政的政治背景下，无党无派的胡适，敢于响亮地提出"希望学校里没有党派"的主张，是需要一点勇气的。在结束演讲前，他引用了南宋思想家吕祖谦的八字名言："善未易明，理未易察。"（《东莱博议》）勉励莘莘学子，独立思考。

10 月 19 日，是鲁迅逝世十周年纪念日。上海、重庆、哈尔滨、佳木斯等地，分别举行了纪念活动。上海各界举行了一次鲁迅墓祭扫活动。周恩来率中共代表团和郭沫若、许广平、胡风等参加了祭扫仪式，在鲁迅墓旁栽种了一棵柏树。周恩来还参加了由全国文协等发起的纪念鲁迅逝世十周年大会，发表了重要讲话。

其间，出现了冯雪峰的《鲁迅回忆录》、胡风的《关于鲁迅精神的二三基点》等文章。那时"左"的思想对鲁迅研究的禁锢尚不严重（《文艺报》2016 年 10 月 19 日），所以冯雪峰等真实而富有个性的文章能够发表出来。由最了解鲁迅的人写出的鲁迅，是真实的鲁迅。后来的鲁迅是后来人所制造的鲁迅。

"五四"发源地北平，并没有举行什么活动。那时的鲁迅，在中国文坛的地位和影响，远不如胡适、周作人等，也是历史事实。

就在 10 月 19 日这天，胡适与陈垣、钱端升等一起飞往南京出席中央研究院评议会会议。11 月 11 日，胡适再度飞南京，出席"制宪国民大会"，与朱经农等联合提出《教育文化应列为宪法专章》的提案，还与教育界代表联名提出《请政府注意教育问题》的提案。胡适在接见北平《华北日报》记者时，还专门就教育经费与公教人员生活太清苦发表了自己的看法，敦请政府改善教师生活，受到教育界的普遍欢迎。

在那风雨飘摇、国事艰难的 1946 年末，胡适正在南京开"国民大会"，主张"中国能向民主宪政之途多走一步"的时候，北平发生了美军士兵强奸北大女学生沈崇事件。此暴行引起北平乃至全国的强烈反响。

在北大的带动下，全国爆发了大规模游行，抗议美军暴行，要求当局敦促美国妥善解决，还受害人以公道，要求美军退出中国。胡适向报界表态：一是否认自己将出任行政院长或教育部长之说，二是强烈谴责美军士兵的强奸暴行。他说：

> 此次美军强奸女生事，学生教授及我自己都非常愤慨，同学们开会游行，都无不可。但罢课要耽误求学的光阴，却不妥当……此次不幸事件为一法律问题，而美军撤出中国，则为一政治问题。不可并为一谈。（上海《申报》，1946 年 12 月 31 日）

胡适的态度，代表当时知识分子的理性。多年后，全国开展批判胡适政治运动时，以此发言为例批判胡适站在美帝反动立场，反对学生游行，反对让美帝滚出中国，似缺乏说服力。

4

到了 1947 年"五四"前一天，北京大学学生"五四筹备会"在北大红楼大操场举行历史晚会。他们邀请"五四"主将之一胡适校长讲五四运动。胡适发表《五四后新思潮运动的意义》演说。

胡适讲道，科学与民主是当年《新青年》的两大"罪状"，也是新思潮运动的原因。而新思潮的意义，就是一种批判评判的态度与精神，借以重新估定一切价值。今天我们纪念"五四"，应该用重新估定一切价值的光荣批判精神，来研究一切问题，改造中国的文明。

胡适的讲话，应该是完整地诠释了"五四"精神实质。他把五四运动说成是"新思潮运动"，与后来"新文化运动"之谓不同。哪个称谓更接近实际，这是个问题。

5 月 4 日那天，北大校友会在北大北楼大礼堂举行了"五四"纪念会。与会者多是亲身参加过五四运动，如今都已中年，已成为社会栋梁的老校友。彼此在春暖花开的校园重逢，激动不已，感慨良多。胡适也很动情。胡适在讲演中，建议每年 5 月 4 日为北大"返校节"，要成为定例，受到老校友的热情支持。在五四运动曾经的精神高地讲演，谁能忘记当年的老校长蔡元培和他提倡的科学民主精神？胡适勉励大家，面对现实，继续挑起历史重任。他还深情提出，要纪念共产党的缔造者之一，老北大文科学长陈独秀，并高度赞美陈独秀"无畏无忌"的"一生革命精神"。在进步作家李公朴、闻一多相继被杀而尸骨尚温之时，在国民党严酷的统治下，胡适能公开赞美共产党领袖陈独秀，这需要多么大的勇气，需要怎样卓越的识力。

研究历史的人，都知道"五四"以来，"极左与极右的均出自北大"，这是不争的事实。《华北时报》报道了胡适的这次演讲，文中特意引用了胡适几句重要的话，其中有"政治逼人"，"历史无法回避"和"思想不是可以压迫的"之语。他要北大坚持"自由与容忍"。

根据上述观念，胡适撰写了《五四的第二十八周年》，发表在天津《大公报》上，算是他对"五四"的纪念。

"五四"这一天，上海各高校打着"反内战，反饥饿"的标语，举行游行活动。不久，游行活动从上海蔓延到了南京及北平等城市。

5 月 18 日，蒋介石发表文告《维持社会秩序临时办法》，说学生运动"显受反动之共产党直接间接之策动"，指责学生"扰乱治安"，"干法乱纪"，扬言要断然处置。

又是胡适，他在告诫学生"政治问题是很复杂的，都不是短时间能解决的，更不是学生罢课能立刻收效的"，劝学生"切不可以牺牲学业方式，作政治的要求"（重庆《大公报》）。然后，胡适对《华北日报》记者发表谈话，批评蒋介石的文告"不很公道"，认为青年学生的示威游行是因对当前困难感到烦闷，政府对学生运动的态度"有些感情的成分"。查那天的胡适日记，有这样的话：

> 在目前形势下，我们对于青年之过问政治，时常发表政治主张，是完全同情的。但方法很多。一，潜心研究政治科学，发表自己所认为的政治主张，以争取同情。二，退出学校直接参加政党，从事政治活动，都是好方法。但以罢课为手段，希望罢课就把复杂难解的政治问题解决，实在是不可能的。罢课是最愚笨而不易收效的武器。

北大工学院机械系一年级的学生邓世华，写信给胡适，诉说自己对当前局势的苦闷与彷徨，在信中对国共两党都采取批评态度。

胡适当夜复了一封长信，后来还根据此信内容，写了《青年人的苦闷》发在《独立时论》上。《独立时论》是独立时论社的刊物。1947 年春，胡适邀北平的北大、清华及天津的南开等校的教授组建了独立时论社。其宗旨是对当时国内外重大政治问题，发表各自的意见，以期形成一种积极的独立舆论。按胡适的一贯观点，团结一批非共产党也非国民党的自由主义知识分子，组成一个强大的理性道义力量，以影响中国的政治、经济、文化的进步。参加该社的有毛子水、陶孟和、张佛泉、陈学屏、陈序经、陈岱孙、萧公权等四十余人，并出版《独立时论》丛书。其实，当时的储安平办《观察》也是打着"民主、自由、进步、理性"的旗帜。有六十多位知名教授、学者在《观察》发表独立见解。

胡适劝邓世华不要悲观，"悲观是不能救国的，叫喊是不能救国的，责人而自己不努力是不能救国的"。他重复易卜生的名言"眼前第一大事是把你自己这块材料铸造成器"，鼓励他努力工作，一点一滴地努力，一寸一尺地改善。

但是，胡适发表《青年人的苦闷》时，有意删掉了给邓世华信中很重要的话，信中分明还写道：

> 蒋介石先生有大长处，也有大短处。但我在外国看惯了世界所谓大人物，也都是有长有短，没有一个是天生的全人。蒋先生在近今的六个大巨头里，够得上坐第二三把交椅。他的环境比别人艰难，本钱比别人短少，故他成绩不能比别人那样伟大，这是可以谅解的。国家的事不是一个人担负得起的。

抗日战争爆发后，胡适不再严厉地批判蒋介石。在后来的国共两党殊死斗争中，胡适比较明显地选边站队，站到了蒋介石一边。从 1945 年 8 月 24 日发电报给毛泽东，云"痛下决心，放弃武力，准备为中国建立一个不靠武装的第二大政党"，已见胡适的政治立场发生微妙变化。到给邓世华的信中，对蒋介石的评价，可见胡适明显倾向于蒋介石了。他选边站队的思想基础与判断依据，正是信中对蒋介石的评价。

1947 年，是蒋介石决心拉胡适入政府，而胡适一直婉言拒绝的一年。

蒋介石不会不知道，胡适作为一个书生，即使加入政府，也不会有挽大厦之既倒的神力。他考虑的是政治层面。胡适作为"五四"的领袖，以他在中国文化教育界乃至国际上的地位与威望，他入阁政府，肯定会给蒋氏王朝挣足"面子"。所以蒋介石苦口婆心地劝诱胡适，一直到蒋家王朝败退台湾，从未停止。

1947年2月4日，傅斯年致信胡适，说蒋介石在上个月曾邀他谈话，目的是拟请胡适出任国府委员兼考试院长。

傅斯年作为胡适的弟子，深知其师会坚守不出仕的诺言，而且自己也不愿胡适蹚政治这池浑水，他希望老师永久在野，以"第三势力"影响时局，这样可以如他所愿"保持抵抗中共的力量，保持批评政府的地位"。傅斯年更赤裸的表白是"责备政府不可忘共党暴行，责共党不可忘政府失败，此谓左右开弓"。

主张"纯学术""二十年不谈政治"的傅斯年，被残酷的历史拉入政治，不得不在复杂动荡的时代做选择，而处于尴尬的困境。让我们看到个体生命消解于历史理想与现实政治的夹缝中的过程。

胡适两天后即回信傅斯年，劈头便称"我因为很愿意帮国家政府的忙，所以不愿意加入政府"。信中表示不愿承担"第三势力"的政治任务。信的最后说："这个时代，我们做我们的事，就是为国家为政府树立一点力量。"

不久，傅斯年再度致函胡适，称老蒋不甘罢休，乃弹让胡适当官的老调。胡适以"我不愿意放弃我独来独往的自由"为由，再次不就。

蒋介石沉不住气了，3月5日亲自致信胡适，几近哀求曰："尚望体念时局之艰难，务请惠予谅察。"3月13日，胡适到南京参加中央博物院理事会、中基会预备会，蒋邀胡适晚餐。席间，蒋说："如果国家不到万不得已的时候，我决不会勉强你。"

据胡适3月18日日记，知那日下午蒋又约胡适谈话，说"国府委员不是官"，"可兼北大事"。日记中说，他批评蒋，"前几年把翁文灏、张嘉璈、蒋廷黻、张伯苓诸君都邀请入党，又选他们（廷黻除外）为中委，这是一大失策"，"蒋承认那是错误"。

胡适辞别蒋介石，他送胡适到门口，问胡适："太太在北平吗？"

胡适说："内人临送我上飞机时说，千万不可做官，做官我们不好相见了！"

蒋笑曰："这不是官！"

胡适写信告知傅斯年，他在蒋的劝说之下，有点招架不住。傅急忙写信给胡适，以"北大同人坚决反对为由"，劝阻胡适，不当国府委员。胡适下决心坚辞。

是年 12 月 11 日，胡适又赴南京参加他被聘为顾问并主持工作的中基会董事会议。12 月 12 日，胡适到南京，当晚即到外交部长王世杰家拜访，王世杰便转达了蒋介石的意思，让他再度出美当大使。胡适未能从命。他在当日日记中写道："如对日本和会在华盛顿开，我可以充一个团员，但大使是不敢做的了。"16 日，蒋介石在总统府约胡适吃饭，很诚恳地劝他做驻美大使，胡适又以受命办学，况年已五十七岁为由婉拒。不久，胡适发作心绞痛，此事便作罢。

1948 年 1 月，李宗仁表示愿当副总统候选人的消息被报界公布后，胡适即写信给李宗仁，表示赞赏和支持。李宗仁复信"表示感谢"外，还劝胡适参加大总统的竞选，说："以学问声望论，先生不但应当仁不让，而且是义不容辞的。"当时，胡适已被舆论界公认为"当仁不让"的总统候选人。有意思的是，蒋介石也愿胡适当总统。蒋介石自然清楚，总统只是个虚名，从当时的宪法来看，握有实权的是行政院长。他正想掌有实权。况且他更希望胡适当选总统，而不想让李宗仁去当。

3 月 29 日，"行宪国大"第一次会议召开。次日，胡适当选为第一次预备会议大会主席，主持讨论大会主席团的选举办法。此时，蒋介石找外交部长王世杰谈话，命他出面说服胡适同意做总统候选人。

据胡适日记载：

> 我感觉万分不安。蒋公意欲宣布他自己不竞选总统，而提我为总统候选人。他自己愿做行政院长。我承认这是一个很聪明、很伟大的见解，可以一新国内外的耳目。我也承认蒋公是很诚恳的。他说："请适之先生拿出勇气来。"但我实无此勇气。

胡适拒绝做总统候选人，对他来说是一幸事，避免自己充当中国这局残棋里的棋子，他即便使出吃奶的力气，也已无力挽回这个王朝覆灭的命运。

论这次选举，最成功者，当属胡适。蒋介石当选总统的第二天，4月20日，由南京中央大学的师生及外国教授五百人组成的民意调查结果让胡适风光无限："大总统：胡适三百七十票，蒋中正一百三十票，居正六票。副总统：于右任二百五十一票，李宗仁一百二十票。"当然这只是"以供一笑"的民间调查而已。

到此，我们也应看清胡适的政治立场了。在抗战胜利之后，胡适在政治立场上一步一步靠拢了蒋介石，用他的话，就是"做了过河卒子，只能拼命向前"。蒋介石败退台湾之际，他亲蒋的色彩更加浓重。可悲的是，他还在恪尽自己的职责，在思想文化上，仍祭起"自由主义"大旗，做他自己的文化之梦。

1948年的北平之冬，是严寒刺骨的。

胡适11月22日在日记中写道：

> 陶希圣从南京来，奉有使命来看我。可惜我没有力量来接受这个使命。

日记所见，就是 22 日陶希圣奉蒋介石之命，飞北平，力劝胡适担任行政院长之事。那时辽沈战役已经结束，共产党已解放东北全境，大军入关，正对平津进行军事包围，而淮海战役也战斗正酣，国民党一败千里。在这样的形势下，蒋介石请胡适到南京组阁，希望他挑起重任、收拾残局。

胡适婉拒蒋介石的重用，并非他不关注政局。在这之前，他频频到南京、武汉、杭州、台湾等地演讲《自由主义与中国》《自由与进步》《中国文化里的自由传统》，竭力宣传自己的自由主义政治哲学与政治立场，幻想化解国共两党的斗争，在中国建立英美式的自由政治体制。

虽然，直到彼时在胡适的任何著作中，都没有批评共产党和毛泽东的文字，但是他宣传自由主义政治哲学与政治立场，显然公开表示他是不支持共产党走苏俄式的社会主义道路的。所以，他让陶希圣向蒋介石转达：

> 在国家最危难的时间，与蒋总统站在一起。（《胡适文集·七》381 页）

据季羡林在《为胡适说几句话》一文中说：

> 大约在 1948 年的秋天……有一天我到校长办公室去见胡适……忽然走进一个人……告诉胡适说，解放区的广播电台昨夜里专门给胡适的一段广播，劝他不要跟着蒋介石集团逃跑，将来让他当北京大学校长兼北京图书馆馆长。我们在座的人听到了这个消息，都非常感兴趣，都想看一看胡适怎样反应。只见他听了以后，既不激动，也不愉快，而是异常地平静，只微笑说一句："他们要我吗？"短短的五个字道出了他的心声。

季先生的回忆，只是孤证，仅能做参考。另有材料说胡适早在1947年2月复傅斯年的信中，曾说过这样的话："如果毛泽东执政，或是郭沫若当国，我们当然都在被'取消'的单子上。"（《傅斯年遗札》第三册，第一千三百零八页）《胡适文集·七》第三百七十七页也如是说。胡适离开北平，合乎逻辑。

12月14日，蒋介石派专机到北平，将胡适夫妇、陈寅恪夫妇等接到南京。12月17日，胡适在南京中研院内，主持北大五十周年校庆纪念会。胡适在讲话时，泣不成声："我是一个弃职的不名誉逃兵！"

1949年4月14日夜，胡适登上赴美的船只，重读《陈独秀的最后论文和书信》，写下一篇长文，作为《陈独秀的最后见解》一书的序言。

前路渺渺，身后悠悠，那灵魂的孤独与寂寞，浮于沧海……

郭沫若发表《抗战回忆录》，引来两位妻子凄楚晤面

毛泽东曾于 1944 年 1 月和 11 月，两次致电郭沫若，高度赞扬他的历史剧和自传创作，以及对革命文化工作的贡献。

1 月，毛泽东致电重庆董必武，将"下电传交郭沫若兄"，原文是：

> 收到《虎符》，全篇读过，深为感动。你做了许多十分有益的革命的文化工作，我向你表示庆贺。

11 月，毛泽东亲笔致信致郭沫若，对其自传《反正前后》评价道：

> 最近看了《反正前后》，和我那时在湖南经历的，几乎一模一样，不成熟的资产阶级革命，那样的结局是不可避免的。

《虎符》与《屈原》《棠棣之花》都是郭沫若历史剧的代表作，皆是把历史的真实性与时代精神、现实的针对性有机地结合起来，具有独特的革命浪漫主义艺术风格的优秀作品。

《虎符》完成于《屈原》之后一个月。借历史"窃符救赵"的故事，塑造了主持正义公道的反侵略志士信陵君的艺术形象。

郭沫若除诗歌、历史剧、小说、文学批评之外，还写了不少自传，像《我的幼年》《反正前后》《创造十年》《北伐途次》《洪波曲》等。他的自传、

杂文、散文，最早出版于1919年。他在《〈我的幼年〉序》中说，他的自传，具有"通过自传看出一个时代"的作用。的确，他的自传既有史料价值，又有文学性，所以受到毛泽东的称许。

"五四"以来，郭沫若以《女神》登上文坛，经历了中国新民主主义革命各个时期，也跨越了中国新文学发展的各个时期，在文化方面做出了不少贡献。

郭沫若不平凡的一生，生动地映现出自新文化运动以来，知识分子探求真理、追求光明的精神轨迹。

巡检郭沫若在解放战争时期的四年，除了创作《少年时代》《革命春秋》等回忆录，以及小说集《地下的笑声》、学术著作《历史人物》等，他主要是在重庆、上海、香港等地进行反对内战、争取民主自由和人民解放的斗争。

1

关于郭沫若，我们从1945年说起。

日本投降后，正在苏联访问的郭沫若，于8月16日离开苏联。

1945年4月30日，法西斯魁首希特勒在绝望中自杀，世界反法西斯战争胜利的桅杆已见端倪，中国的抗日战争亦现胜利曙光的背景下，郭沫若收到苏联科学院发来的邀请函，邀他参加该院建立二百二十周年纪念大会。郭沫若从重庆出发，辗转了多个地方，于6月26日到达大会所在的列宁格勒（今圣彼得堡）。在苏的五十天里，他每天活动都安排得满满的，参加各种聚会，参观，接受采访，到大学发表演说，愉快而紧张地忙碌着。

在郭沫若访苏的日子里，国际局势不断发生变化。美国军队已逼近日本本土，并在日本投下两颗原子弹，日本已招架不住。此时，老冤家对头苏联也宣布对日作战，百万雄师攻战东北，大势已去的日本宣布无条件投降。经历了十四年的艰苦卓绝的抗战，终于以中国的胜利宣告结束。

是年 8 月 28 日，应蒋介石之邀，毛泽东从延安乘机到重庆与国民党进行和谈。从苏联归国不久的郭沫若，与重庆各界代表，到机场迎接了毛泽东。

谈判期间，毛泽东在重庆不断与那里的文化界名人柳亚子、郭沫若等人谈话。他还将自己写的词《沁园春·雪》书赠柳亚子。经吴祖光之手，此词在报端披露，山城重庆爆发一场围绕《沁园春·雪》的词坛大战。重庆各界争相传诵，大加赞扬，柳亚子率先以词相和，表达他读词后受到了鼓舞和感动及对毛泽东的崇敬之情。

好友尹瘦石闻之，不仅向柳亚子索要毛泽东手迹《沁园春·雪》，还收藏了柳亚子和词。柳亚子念与尹瘦石交谊之深，慨然相赠。出于对毛泽东的崇敬，尹瘦石又请柳亚子对毛泽东词写一跋文。柳亚子书曰：

> 毛润之沁园春一阕，余推为千古绝唱，虽东坡、幼安，犹瞠乎其后，更无论南唐小令、南宋慢词矣。中共诸子，禁余流播，讳莫如深，殆从词中类似帝王口吻，虑为意者攻讦之资；实则小节出入，何伤日月之明。固哉高叟，暇当与润之详论之。余意润之豁达大度，决不以此自谦，否则又何必写与余哉。情与天道，不可得而闻，恩来殆犹不免自郐以下之（无）讥欤？余词坛跋扈，不自讳其狂，技痒效颦，以视润之，始逊一筹，殊自愧汗耳！瘦石既为润之绘像，以志崇拜英雄之概；更爱此词，欲乞其无路以去，余忍痛诺之，并写和作，庶几词坛双璧欤？瘦石其永宝之。
>
> 　　　　一九四五年十月二十一日，亚子记于渝州津南村寓庐

柳亚子，乃南社的主持者，辛亥前后革命诗潮的代表诗人，笔者在

《走出晚清：大师们的涅槃时代》一书中，有详尽评介。此处不赘。柳氏是第一个评论毛泽东《沁园春·雪》之人。所谓"诗无达诂"，他有自己的见解，其中"殆以词中类似帝王口吻，虑为意者攻讦之资"的担忧，果然不幸言中。国民党御用文人抓住此点，对毛泽东的《沁园春·雪》大肆歪曲污蔑。吴祖光因发表此词，受到国民党追究，不得不避风香港。蒋介石侍从室还策划了"围剿"《沁园春·雪》的勾当。于是有"中央日报"出面，组织反动文人，以和词为名，吹捧蒋介石，诋毁毛泽东。此类"和词"多达三十首，但因目的卑鄙、水平低劣，只落得被人讥笑的下场。

在国民党气焰嚣张地"围剿"《沁园春·雪》之时，郭沫若拍马上阵，挺身而出。于12月11日，在《新民报晚刊》发表《沁园春·和毛主席韵》：

国步艰难，寒暑相推，风雨所飘。念九夷入寇，神州鼎沸；八年抗战，血浪滔滔。遍野哀鸿，排空鸣鹏，海洋仇深日样高。和平到，望肃清敌伪，解除苛娆。

西方彼美多娇，振千仞金衣裹细腰。把残钢废铁，前输外寇；飞机大炮，后引中骚。一手遮天，神圣付托，欲把生民力尽雕。堪笑甚，学狙公茅赋，四暮三朝。

郭沫若和词发表后，国民党当局抨击该词"借题发挥其'反美'之思"。郭沫若再发表第二首和词，盛赞毛词"气度雍容格调高"，批判国民党"说甚帝王，道甚英雄，皮相轻飘"，不过是"朽木之材不可雕"而已。

这边厢，笔墨之战杀得正酣；那边厢，真刀真枪，烽烟又起。

1945年10月10日，在共产党的积极努力下，国共两党签署"双十协定"，国民党接受"和平建国"建议。但墨迹未干，国民党便向解放区发动进攻。毛泽东发表《关于重庆谈判》，确定"针锋相对，寸土必争"方针。

1945 年 11 月 19 日，重庆各界召开反对内战联合会的成立大会。会上，郭沫若被推选为常务理事。12 月 4 日，郭沫若与反内战联合会常务理事联名通电全国，倡议全国各地成立各界反对内战联合会委员会，形成合力，共同反对内战。

迫于中国各界强烈的反对内战的呼声，美国总统杜鲁门于 12 月 15 日，被迫发表《对华政策声明》，表示美军将从华撤出，主张中国各方和平解决内政问题，并准备派特使马歇尔到华"调处"国共争端。

第二天，苏、美、英外长在莫斯科召开会议，美方再次表示不干涉中国内政，尽快从华撤出美军。同一天，周恩来率中共代表团从延安飞往重庆，参加政治协商会议。12 月 24 日，郭沫若与梁漱溟等二十八名重庆各界反内战联合会代表一起，联合致函蒋介石、毛泽东，表达立即停止内战，实现政治政协商的愿望。

1946 年 1 月 10 日，各党派重庆政治协商会议召开。国共签订停战协定。

郭沫若以社会贤达代表列席，多次发言，指出主席权限过大，应由国共双方另立机构研究讨论政府组织法，又提出国民党当局应尊重舆论，重选国民大会代表等建议。

会议结束刚刚十天，重庆较场口便发生血案。国民党特务在庆祝政协会议成功的集会上，大打出手，引发流血事件。当日，较场口集会，由二十三个团体发起，到会者有万人之众。大会推举李公朴、郭沫若、马寅初为主席团成员，李公朴主持大会。

大会尚未开始，重庆农会常务理事刘野樵、国民党市党部宣传科长庞仪山等人，强登主席台。刘野樵自称大会主席，宣布开会。李公朴等前去劝阻，便有大批同伙一拥而上，占领主席台并殴打李公朴，郭沫若上前制止，也遭殴打致伤。受伤者马寅初等六十余人。当日下午，大会筹备会举行记者招待会，披露事件真相。晚上，周恩来、张君劢举行紧急会议，联名致函蒋介石，要求严惩肇事凶手。

为抗议以中央社为首的国民党宣传机构对较场口事件所做的歪曲事实的报道，三十多名记者在较场口进行集会。

郭沫若没有被吓倒，在《南京印象》中，他认为，"挨打在我倒是很大的收获……尽了保护朋友的责任……使得法纪荡然，使得政府的威信扫地"。但国民党并未放弃对郭沫若的拉拢收买。蒋介石甚至要他"作为无党派人士的代表入阁"，都被他一笑置之。

随后，3月1日，国民党六届二中全会上，蒋介石否决政治决议。4月18日，在飞机、大炮、坦克的轰鸣中，国民党军队轮番进攻东北四平，在朋友的劝告下，郭沫若结束了在重庆六年半的生活，举家飞往上海。郭沫若有诗记之：

> 适从山里来，上海今依旧。
> 喧嚣声振耳，内战复何有？
> 可怜满街人，茫如丧家狗。

当时的上海，已成民主运动的中心，大批进步作家，在那里以笔为刀枪，与最后的黑暗做斗争。殊不知，正是这些"可怜"的上海人民，于6月23日，赴南京请愿停战而遭到国民党的殴打。作为第三方代表，在南京参加中共和国民党再开和谈的郭沫若，又与周恩来当夜去中央医院慰问受害者。

是年7月，著名的民主斗士李公朴、闻一多相继被国民党特务暗杀，郭沫若发文谴责国民党当局"不惜采用最卑鄙无耻的手段来诛锄（除）异己"。同时联合茅盾、叶圣陶等十三人，致电联合国人权保障委员会，请求派人来华进行调查。

1947 年 2 月 9 日，上海各大百货公司职工组成"爱用国货抵制美货委员会"，筹备大会上，郭沫若讲了话，斥责国民党当局发动内战、镇压民主力量的丑行。突然一群暴徒闯入会场，袭击到会者，数十人被殴伤。警察到场，将受害者押至警局。当时，在主席台上演讲的郭沫若，见状，从台后越墙逃走，未遭伤害。事后，郭去医院慰问受害的伤者，旋又至黄浦警局，要求释放一位重伤者。

这一年 3 月，国民党集中军力，重点进攻陕北。中共中央主动撤离延安，完成战略转移。6 月，刘邓大军率部强渡黄河，策动鲁西南战役，拉开战略反攻序幕。9 月，中共中央发出毛泽东起草的《解放战争第二年的战略方针》，将战争引向国民党区域，举行全国性反击。10 月，中共中央发表《中国人民解放军宣言》，响亮提出"打倒蒋介石，解放全中国"的口号。国民党在军事战线垂死挣扎的同时加剧对民主人士进行迫害。郭沫若继 1920 年译完《浮士德》的第一部，于二十七年后的一个月，又完成《浮士德》第二部。考虑到郭沫若的安全，中共中央于年底让叶以群陪伴他离开上海，到九龙居住。不久，其妻于立群及四个儿女也到九龙，与他团聚。

2

到 1948 年 5 月，一大批进步的各界民主人士，避居香港。解放军节节胜利的消息，如雪片纷纷传到香港，他们无比欣喜。

5 月 1 日，毛泽东致电李济森、沈钧儒等人，说明现在召集全国政治协商会议，成立民主联合政府，并拟定民主联合政府的施政纲领，时机已经成熟，希望民革、民盟等反对国民党的党派、组织与中共共策此事。

在港的各派民主人士李济深、何香凝、沈钧儒等接悉毛泽东电文，联名复电，表示响应。郭沫若也赫然名列其中。

5月5日，避居香港的各派民主人士联名致电毛泽东，响应中共号召，赞同"打到南京去"的口号。

到8月25日，香港《华商报》副刊《茶亭》，开始连载郭沫若的《抗战回忆录》。一直连载三个多月，以郭沫若在政坛和文坛的影响，内容翔实、文笔潇洒的《抗战回忆录》自然引起各界关注，甚至连日本都有反响。

一位略显苍老的日本妇人，偶然读到郭沫若的这篇文章，竟泪流满面，搂住已成年的几个儿女，惊叫道："啊，天哪，你们的爸爸还活着！"

她叫安娜，是郭沫若1926年在日本留学时，遇到的姑娘。那年暑假，他从冈山到东京圣路加医院看望一位同来日本留学，命悬一线的朋友。见到不久，朋友带着壮志未酬的忧伤离开人世。郭沫若精心地料理了友人的后事，这一切都被这里的一位白衣天使看在眼里。她得知郭沫若因未取到故去友人的X光片而苦恼时，主动答应代他索取。郭沫若感激地留下通信地址后离去。

不久，X光片从东京寄到郭沫若就读的冈山第六高等学校，里面还有一封英文书信：

> ……自从见您之后，您的影像在我的脑中怎么也抹不掉了。我觉得您很像我的哥哥……看得出，您是个心地善良的人……我的英文水平不高，不知能否表达我的意思，请像我哥哥的您多加指点。
>
> ……
>
> 佐藤富子
>
> 8月24日于东京

少女充满温情的来信，使孤独而又躁动的郭沫若激动而甜蜜。当即，郭沫若回了一封倾吐内心孤独的信给佐藤富子。收到来信，佐藤富子也于当夜致信给郭沫若，安慰他那颗孤独忧伤的心。

鸿雁传达着这对青年男女温润而充满爱意的情感。郭沫若向佐藤富子倾吐了自己痛苦的婚姻。而佐藤富子也向郭沫若陈述自己家门的不幸。自己出身书香门第，祖父是北海道大学的创始人，父亲是工程师，因人生苦难、战争残酷而投身宗教，成了牧师。她原本就读美国人开办在仙台的教会学校，快毕业时，家里给她安排了一门亲事。她反对无效，毅然从家庭出走，到东京圣路加医院当了护士。后父亲找到她，苦口婆心劝她接受他的安排，她执意不从，老父颓然而去。

就这样，两个同病相怜的人，在寻觅中，彼此的灵魂先是相互理解同情，再撞击出爱的灿烂的火花。郭沫若按捺不住爱的汹涌澎湃，用诗表达：

> 明朗的天空，
>
> 挂着钩月一轮。
>
> 东方的天角，
>
> 已有玉兔高升……
>
> 我恨不得摘下月儿，
>
> 作为馈赠礼品。
>
> 我恨不得取下来太阳，
>
> 明证一对恋人的深情……

佐藤富子读后，也激动地命笔，在信中表达缱绻缠绵的芳心：

> 亲爱的哥哥，你把比月亮还洁净透明的心献给了我，我呢，早已把那与太阳一样炽热的心献给了你！

就在那年 10 月，两个相爱的人，到滨州、大深、房州携手旅游了五天，于山水间互诉衷肠。到了年底，郭沫若再到东京见佐藤富子，决定与她分享自己留学的官费，让她到改进女医学校深造。佐藤富子先是一惊，接着热泪盈眶。就这样，他们二人在冈山一个偏僻的小巷子里，构筑了爱巢，开始二人世界穷困却甜蜜的生活。

在山清水秀的冈山，郭沫若给视为女神的爱人取了个名字，叫安娜，他在诗中曰：

> 我把你这张爱嘴，
>
> 比成一个酒杯。
>
> 喝不尽的葡萄美酒，
>
> 会使我时常沉醉……

从此，郭沫若"沉醉"在爱河里，也"沉醉"在诗歌里。令郭沫若享誉诗坛的诗集《女神》，其中那些打动人心的诗篇，都与安娜有关。他在《我的作诗经过》中说：

> 《女神》中所收的《新月与白云》《死的诱惑》《别离》《维奴司》，都是先先后后为她而作的。

收获了爱情，激发出诗情。郭沫若斗胆第一次将两首诗投给国内的《学灯》，居然被《学灯》刊出。一首是《抱和儿在博多湾海浴》，另一首是《鹭鸶》，表达亲情和对光明自由的向往之情。发表时署名沫若。不久，随着郭沫若的诗如决堤之水、拍岸之涛而翘楚诗坛，人们忘记了他的原名郭开贞。

诗评家在评论《女神》时，最爱说的是，泛神论思想跟郭沫若当时轻蔑偶像权威、表现自我、张扬个性精神的结合，产生了《女神》。郭沫若也在《〈少年维特之烦恼〉序引》一文中说："泛神便是无神。一切的自然只是神的表现，我也只是神的表现，我即是神，一切自然都是我的表现。"这只是他极富个人色彩的荒唐表述。太过玄妙，似痴人说梦。其实，《女神》是"五四"前后，中国新文化运动带来的个性自由和人性解放历史阶段文学的产物。用简单的泛神论，抑或把自己视为神，来诠释《女神》，是不恰当的。而笔者认为，《女神》中最有文学价值的，正是诸如写给安娜的那些富有真情实感，发自灵魂深处的赤裸裸的人性之美的篇章，再有就是倾诉自己爱国激情和因家国黑暗孱弱，给他带来失望苦闷的那些诗作。事实证明，当今人们喜欢的正是这些篇什。

郭沫若和安娜结合，让他们有些黯然神伤，那就是没有得到双方家庭的认可和祝福。而且，安娜被逐出家族，郭沫若遭到父母的反对。

随着郭沫若受到五四新思潮的洗礼，他高涨的爱国热情与对文学的执着追求，让他把目光和心思都投向遥远的祖国，那里需要他。有一天，他对安娜讲了中国的情况，最后说："我想马上回国去。"她并不惊讶。她没有阻拦丈夫。他们于 1921 年 2 月回到上海。

到上海后，郭沫若与郁达夫、成仿吾、张资平等七人，创办"创造社"。很快，"创造社"便如郑伯奇所言"垄断文坛"。其实，那时以茅盾等为核心的"文学研究会"，早已成就卓著，影响甚大。茅盾并不看好"创造社"。两个文学社团，常有争论。而且，不久，"创造社"随着郁达夫、成仿吾退出，已名存实亡了。郭沫若不得不让安娜带三个儿女先回日本。而他自己，拒绝了重庆红十字会请他到家乡工作而送来的在当时可算巨款的一千两白银汇票，在写完《漂流三部曲》后，买舟东渡，回到日本，与安娜和孩子团聚。

1924 年底，在阴冷的大雾中，郭沫若又携妻挈子回到上海。他参加国家主义团体"孤军社"的社会调查，目睹农村的凋敝凄凉。次年，又亲自经历了上海的五卅惨案，目击英国巡捕对工人学生的屠杀暴行。他将历史剧《聂嫈》所获酬金，全部交给上海总工会。

1926年，郭沫若提出"革命文学"，因缺乏马克思主义支撑，曾造成文坛混乱。下半年，郭沫若放弃大学执教三百六十大洋薪俸的待遇，投笔从戎，参加北伐军。次年，又因写揭露蒋介石背叛革命的檄文《请看今日之蒋介石》，受到通缉，在周恩来支持下，离开上海。

在南昌起义爆发第四天，郭沫若历经千辛万苦，赶到南昌，与周恩来、贺龙会合。在与他们向广州进军途中，由周恩来介绍，加入中国共产党。途中，郭沫若与曾在广东大学文学院教书时认识的学生安琳同行。他忘记了安娜，而与安琳在盐酸寮神泉镇一个侧巷的楼上发生了一段短暂却轰轰烈烈的恋情。

他回到上海，推开窦安路一栋房子的门，以愧疚的目光，迎着妻子安娜那双充满深情的眼睛，然后拥抱孩子。郭沫若的躲闪，逃不过安娜清澈的双眼。得知丈夫移情别恋，这位善良的女人，没有指责丈夫，反而在听到丈夫的陈述后，自己感到阻碍了他们，只是喃喃地说："假如没有这许多儿女，我随时让你自由……"

1928年2月，郭沫若携一家人再度东渡日本，住在千叶县市川市，开始十年的流亡生活，也是他潜心于文史研究和创作的十年。

1937年，卢沟桥事变发生后十几天，郭沫若"为妻及四儿一女写好留白"后，在安娜的额头深深亲吻一下，便匆匆地离开家，消失在茫茫的黑夜里。等安娜发现有些异样，再看到桌上丈夫留下的那封信，已无法挽回这一切了，只有任眼泪流淌了……

3

自1937年夏那个黑暗如磐的夜晚，丈夫郭沫若不辞而别，他们偶尔

尚有零星的音信，但随着战争的日渐残酷，彼此便音信全绝。安娜只能以
羸弱的肩头，负起抚养五个孩子的重任。因为她的丈夫是中国人，安娜和
孩子在日本人的仇恨中，生活更为艰难，日本警察厅曾抄家、监禁、殴打，
残酷折磨其家人。在日本穷兵黩武，耗尽财力的那极端艰苦的岁月，安娜
在劳作和等待中熬过了十一个年头，五个儿女也在饥寒交迫中，渐渐成人。
这里引用路卫兵《微历史》中的一段，证明安娜等待郭沫若的凄苦：

　　1947 年，《改选日报》的记者陆立之前往东京，寻找到郭沫若的
妻子安娜，见其家徒四壁、空无一物，全家仅靠一点山芋充饥。安娜
涕泪交流，哽咽地说："鼎堂（郭沫若字）他不应该这样。自从他走之
后，我和孩子们都为他担惊受怕，他却音信全无，把这个家全忘了。
如果说是战争阻隔，信息不通，这也是借口胡说，这里还是不断地有
中国人的消息，我就读过他回去后写的一篇文章叫作'在轰炸中来
去'，说自己光荣地见到了蒋介石。"

　　等到 1948 年 6 月，安娜到香港见到郭沫若时，长子和夫大学毕业又
考上京都大学研究生部；次子郭博与哥哥同校完成建筑系学业；三子佛生
考上东京水产讲习所；女儿淑子考取东京女子大学数学系；最小的儿子志
鸿都上了中学。这是一个妻子向丈夫奉献的最好的礼物。安娜甚至都难以
想象，丈夫见到她和这些儿女时激动洒泪的情景。为了早点回到丈夫身边，
安娜在 1947 年，便向有关方面申请与郭沫若办理了正式结婚手续，为此，
她决绝地放弃了祖国日本国籍。

　　安娜不畏中国内战的炮火，她装上丈夫大部分珍贵的手稿，带着淑子
和志鸿，取道台湾，顺便看望在台北大学任教的长子和夫，再去香港万里
寻夫。路上，安娜曾听说郭沫若已另组家庭，她不相信。但那消息让她心

神不宁。她购了四张机票，带着和夫、淑子和志鸿从台北飞到香港。

终于，安娜携三个儿女来到了香港九龙山林道一幢精致的小楼前，顾不得敲门，他们急切地走进客厅，但眼前的一切，令安娜一家人目瞪口呆。他们看见，郭沫若正与一个比他年轻许多的女人亲昵地一起喝茶，身边还有一群孩子绕膝玩耍……

是的，郭沫若与妻子于立群及五个儿女，享受着家庭的幸福。

郭沫若突然看到满头白发的苍老的安娜，并不惊讶，他知道，这一幕迟早会发生。只是，他不敢与安娜那双惊愕、凄楚的目光相碰，更不知如何向安娜解释这一切。

安娜与三个儿女，郭沫若、于立群及其五个儿女，就这样无声地彼此相望。个中的复杂心情，难以文字道断，笔者原本就不是一个看客，心情亦非常复杂。

只能告诉读者，面对站在郭沫若和于立群身后那五个怯生生的孩子，安娜最后满脸凄楚地说："我走。"

苏雪林倾其所有支援抗战与魂归故里

文学创作和文学研究，有"我是谁"的考问。

苏雪林是谁？

关于其毁誉的回答，是相互矛盾、大相径庭的。

杨义在《中国现代小说史》（人民文学出版社 1986 年出版）说：

> 苏雪林是胡适派小说家，她追随胡适"大师"，由"五四"新文学同路人急剧右转，蜕化为反共文人。鲁迅逝世以后，撰写"鞭尸文章"与左翼文坛分开决裂。她自许（诩也，作者写了个白字——引者）为学术界的"福尔摩斯"，写了不少"考证文字"，观点不乏新鲜，论证失于空泛。初入文坛，小说技巧尚未成熟；抗战时，写了具有某种民族气节的作品，清秀可读；后期，正义感沦丧，艺术味荡然，充当政治权势之扈从，百般强颜卖笑……

张昌华发表在《文学自由谈》（1997 年第一期）上《人瑞苏雪林》一文中说，她是五四时代的文坛"老祖母"，集作家、教授、学者于一身的国家级大师、"文坛名探""珞珈三杰"之一。她眷恋故土，敬仰师长，缅怀旧朋，有"老小孩"的天真，"老祖母"的慈怀。对台湾于胡适去世后诽谤、攻讦，十分愤慨，对大陆冰心、叶圣陶、冯沅君、老舍乃至茅盾等推崇备至，评价很高……

真正的史家，如《左传》所云，应是"其文直，其事核，不虚美，不隐恶"，鲁迅也曾说，"倘有取舍，即非全人，再加抑扬，更离真实"。杨义和张昌华分别从阶级关系和人性角度评价苏雪林，把作为一个真实的历史存在的苏雪林简单化地形诸文字了。

1

苏雪林一生有一件事震惊文坛，另一件事轰动社会。

震惊文坛者，即撰写"鞭尸文章"，攻击鲁迅。

苏雪林在《中国二三十年代作家》一书中，即标榜：

> 笔者自研究新文艺以来，即抱反鲁的宗旨。

《〈中国二三十年代作家〉自序》中论道：

> 本书小说部门对于他的《阿Q正传》曾予以相当高的评价，在散文部门论到他那些讽刺文字，又曾将他的变态心理分析了一番，使读者认识他的价值究竟如何。第五编各章涉及鲁迅之处更多，中国近代史的悲剧，鲁迅要负很大的责任，是以我对别的左倾文人宽恕，对鲁迅则否。评论一个人或其作品，必须站在客观立场上，善则善，恶则恶，万不可以恶掩善，亦不以善饰恶，对于鲁迅，我的态度自问相当公平。

20世纪30年代上半期，苏雪林在武汉大学任教，讲新文学研究，用她自己的话说，就是"自民国二十一年起，我曾在国立武汉大学担任新文学这门课程"。她的讲义《新文学研究》二十七万字，论及作家一百三十余人，提到作品集近二百个。该讲义开创以文学体裁为结构线索的教学研究体系，表现出苏雪林对于新文学独特的理解，颇有学术价值，现存武大图书馆。

以论朱自清与俞平伯的小品文为例：

> 朱氏与俞平伯为好友，文体亦颇相类，盖同出周作人之门而加以变化者也。但俞氏虽无周广博之学问与深湛之思想，而曾研哲学，又耽释典，虽以不善表现之故有深入深出之讥，而说话时自含有一种深度。至于朱氏，则学殖似较俞氏为逊，故其文字表面虽华瞻，而内容殊嫌空洞。俞似橄榄，入口虽涩，而有回甘；朱则如水蜜桃，香甜可喜，而无余味……

此段文字，以有趣比喻论两作家之创作倾向、行文风格、表达特点，判断颇为剀切。

又如，对周作人在扶掖文学新人的贡献及对文化的影响的判断，也很有识力：

> 郁达夫《沉沦》初出时攻击者颇多，周氏独为辩护……郁氏身价亦为之骤长。但天下事利弊每相半，国人不健全的性观念固此而略为矫正，而投机者流亦遂借性问题而行其蛊惑青年之术……又一切下流淫猥的文字都假"受戒的文学"为护身符公然发行，社会不敢取缔，亦周氏为之厉阶云。

苏雪林在评价鲁迅作品小说集《呐喊》《彷徨》和散文集《野草》时，都给予很高的评价，对鲁迅的为人，却有这种的话，"'睚眦必报'阴险狠毒的性格，给青年影响当然说不上好字。十年以来新文坛忮刻之风大炽恐怕都是鲁迅煽动的"。

到了《中国二三十年代作家》成书时，苏雪林似不再遵循"大都就作品立论，不牵涉私人恩怨"，"决不肯借批评为损害对方威信的工具"原则。

《中国二三十年代作家》一书，其基础框架是讲义《新文学研究》，苏雪林说，"我这部书是论五四后新文学的"，"乃在武大教新文学时所编，仅编了四个部分。王云五先生一直照顾我……叫我续出文艺批评之部"（苏雪林《浮生九四：雪林回忆录》）。

在《〈中国二三十年代作家〉自序》中，苏雪林说，此书"有许多评骘之词，则为今日所加……除鲁迅、郭沫若等外，措辞每相当同情"。何止同情，甚至给予高度评价，如她在 1934 年《文学》第三期上，写了《沈从文论》一文，敏锐察觉到沈从文小说的特点：

> 每篇小说结束时，必有一个"急剧转变"（a quick turn）……组织力之伟大。

沈从文于 1935 年在《大公报》发表《论技巧》一文时，总结了他的叙事经验，认为"一个作品的成立，是从技巧上着眼的"，"一个作品的成败，是决定在技巧上的"。苏雪林是最早发现沈从文"突变"叙事美学特质的人。沈从文深以为是。

当然，在其后来的褊狭语境中，对鲁迅就难免不再客气"评骘"了。特别是在鲁迅殁后，1936 年 11 月 12 日，苏雪林给蔡元培先生写了一封信，其中有这样攻击鲁迅的文字：

> 似此褊狭阴险、多疑善妒之天性，睚眦必报，不近人情之行为，

岂惟士林之所寡闻，亦人类之所罕睹，谓其心理非有甚深之病态焉，谅公亦难首肯？

苏雪林的老师胡适，遂于 12 月 14 日，致信弟子，批评她攻击鲁迅的"恶腔调"，应深戒，并劝他放开胸襟，下面择其有关鲁迅部分：

关于鲁迅，我看了你给蔡先生的信……我很同情于你的愤慨，但我以为不必攻击其私人行为。鲁迅狺狺攻击我们，其实何损于我们一丝一毫？他已死了，我们尽可以撇开一切小节不谈，专讨论他的思想究竟有些什么，究竟经过几度变易，究竟他信仰的是什么，否定的是些什么，有些什么是有价值的，有些什么是无价值的。如此批评，一定可以发生效果。余如你上蔡公书中所举"腰缠久已累累"，"病则谒月医，疗养则欲赴镰仓"……皆不值得我辈提及。至于书中所云"诚玷辱士林之衣冠败类，廿五史儒林传所无之奸恶一小人"一类字句，未免太动火气（下半句尤不成话），此是旧文字的恶腔调，我们应该深戒。

凡论一人，总须持平。爱而知其恶，恶而知其美，方是持平。鲁迅自有他的长处。如他的早年文学作品，如他的小说史研究，皆是上等工作。通伯先生当日误信一个小人张凤举之言，说鲁迅之小说史是抄袭盐谷温的，就使鲁迅终身不忘此仇恨！现今盐谷温的文学史已由孙俍工译出了，其书是未见我和鲁迅之小说研究以前的作品，其考据部分浅陋可笑。说鲁迅抄盐谷温，真是万分的冤枉。盐谷一案，我们应该为鲁迅洗刷明白。最好是由通伯先生写一篇短文，此是"gentleman（绅士）的臭架子"，值得摆的。如此之论，然后能使敌党俯首心服。

此段似是责备你的，但出于敬爱之私，想能蒙原谅……

217

直到 1942 年 4 月，一直坚持"五四"理性主义的苏雪林，在《我的学生时代》一文中，放弃对鲁迅的攻击，文中说："不问他们所抱持的主张对不对，只这咄咄逼人的气焰，这不讲理的横蛮举动，先就教一个我一般受过五四理性主义熏陶的人不愿请教了。"但是，苏雪林的狂傲自负却没有改变，一生自诩反鲁健将也不悔。

该说说苏雪林让国人称颂的壮举了。

抗战爆发，国人同仇敌忾，战士上前线杀敌，血洒疆场，后方百姓也箪食壶浆开展各种救亡活动。

珞珈山之武汉大学师生，在东北战事刚起，就自动组织起来，发动缝制棉服棉背心运动。苏雪林与师生一起夜以继日地动手缝制，然后送到东北冰天雪地里孤军奋战的义勇军那里。全面抗战的烽火燃到卢沟桥，苏雪林又与师生参加武汉大学战时服务团的妇女工作组，深入长江鹦鹉洲，将日夜缝制的五百条棉被送到伤兵医院去慰劳伤病将士。

在全民掀起的捐款热潮中，武汉大学师生又倾其所有。苏雪林更让珞珈山乃至全国震惊。她毫不犹豫地拿出所有细软，包括金银首饰、多年稿费、所存全部薪俸，甚至献出一笔丰厚的嫁奁，共折合黄金五十一两，统统慷慨捐给军队。苏雪林此举，轰动全国，令世人称颂。那时，这笔巨款可购一架战斗机，故有昵称苏雪林"五十两"之美谈。

2

1919 年秋，五四运动过后，已经沉寂的位于西单石驸马大街的北京女子高等师范学校，走进了一位短发，"饱圆长脸，端正大方"，个子不高的新生，她是国文系的苏雪林。

苏雪林是幸运的，当时的新文化运动的领袖胡适、周作人、李大钊，还有国学大家黄侃、刘师培等都曾在该校教过课。才学渊博、风度翩翩的胡适，教授"中国哲学史"；举止儒雅、性情温和的周作人，讲"西洋文学史"；谦和爽朗、品格方正的李大钊，担任"社会学""伦理学"课程；狷介狂放、才思敏捷的黄侃，讲音韵训诂、古体诗创作；与章太炎并称"二叔"，享有盛名的刘师培，讲授《文心雕龙》。

五四运动过后，女高打开了两扇大铁门，取消了家长接送学生的老传统，学生与外界的交往增多。但不显山不露水、穿着很随便的苏雪林却最为用功，上课认真听讲，下课常与师长交流，然后就泡在图书室里，致力韩柳体与桐城派古文研究。当时，学潮不断，苏雪林仍在书斋苦读。

后来，苏雪林赴法国深造，1925 年返国后，在苏州东吴大学、上海沪江大学任教，并从事文学创作。她创作的样式颇多，新旧诗歌、小说散文无不涉猎。其自传体长篇小说《棘心》，写的是她的婚姻生活记录或想象。

她在《〈棘心〉自序》中，对该小说这样表述：

> 反映出那个时代的家庭、社会、国家及国际各方面的动荡变化的情形，也反映出那个时代知识分子的烦恼、苦闷、企求、愿望的状况，更反映出那个时代知识分子对于恋爱问题的处理，立身处世行藏的标准，救国家、救世界途径的选择，是采取了怎样不同的方式。

苏雪林对《棘心》寄予很多企望，但小说太过写实，限制了作家的想象才华，而且主人公形象苍白，并未成为"这一个"，留下的只是人生经历，而不是人性的图像。算不得成功之作。

苏雪林的散文集《绿天》，"不惜编造美丽的谎，来欺骗自己，安慰自己，在苦杯之中掺和若干滴蜜汁"（《〈绿天〉自序》），来祭奠自己不和谐的婚姻。因写的都是刻骨铭心的情感经历，深深地打动了读者。《绿天》

中多篇散文被选入语文课本。

左翼作家，曾在 20 世纪 20 年代末积极"围剿"过鲁迅的阿英，却一反常态地写文推崇这位自由主义作家苏雪林，他在《绿漪论》中写道：

苏绿漪（苏雪林笔名——引者）是女性作家中最优秀的散文作者，至少，在现代女性作家作品比较上，我们可以这样说。

原本就已经闻名遐迩的苏雪林，又受到左翼评论家的抬爱，算得上风光无限了。但是，苏雪林的文学生涯中，最为辉煌的却是楚辞研究。1930年，苏雪林到安徽大学任教。安庆虽为不大的江城，但因桐城派的流风余韵，文风甚炽，陈独秀受其影响，成为国学大家，首举新文化运动大旗，开创了一个新时代。苏雪林也在这里，边教边学，特别在研究楚辞方面，独有成就，为当时楚辞界之翘楚。使她被举世瞩目的，是她对鲁迅不懈的批判；而让人唏嘘最动怜悯的，是她不幸的婚姻。

3

苏雪林在十四岁时，便由祖父做主，许配给了豪门子弟张宝龄。她读大学后，张宝龄正在美国留学，曾与她有鸿雁传书。苏雪林见其文字清秀典雅，渐生情愫，充满期待。但让她不安的是，张宝龄的信函总是礼数周到，缺少热情。她在北京和法国读书时，不乏男性追求，她曾动过解除婚约的念头，但念及老母对婚约不变的承诺，后来勉强与张宝龄办了场面热热闹闹、情感冷冷清清的婚事。

张宝龄在美机械系学成后，归国当工程师。他人品端方，性格老实，虽出身豪门，却丝毫不染公子哥灯红酒绿的糜烂恶习，只可惜不解风情，连点浪漫情趣都没有。

传说，二人新婚某夜，皓月当空，苏雪林情不自禁地脱口而出："一轮圆月似玉盘！"不料张宝龄竟冷然答曰："哪有我圆规画得圆。"顿让兴致勃勃的苏雪林如一盆冷水兜头盖脸泼下，全身冰凉。就这般，苏雪林对丈夫的一厢情愿的芳心，被丈夫的冷漠驱赶得荡然无存。

奇怪的是，在外人眼里，张宝龄并非冷若冰霜。杨静远写的《让庐旧事》一文中，张宝龄全然是另外一个人：

> 全然不像那个闻名已久的冷若冰霜的人。他很友善、健谈，在廊子里一坐下，就讲了一个引人入胜的故事，他在昆明的一段亲历。其实张先生为人并非一贯冷僻。在东吴、江南造船厂或武大，人缘都不错。

如果杨静远说的是事实，我们不仅同情苏雪林未能享受婚姻举案齐眉、琴瑟和鸣的幸福，也应体谅张宝龄在这桩包办婚姻中所经历的孤独冷凄的痛苦。

苏雪林与张宝龄的婚姻维持了漫长又寡淡的三十六年，而实际在一起仅度过了几年的日子，即便在一起，却又同吃而不同眠。个中的冷暖，只有二人体会最深。

1949年，张宝龄留在大陆，苏雪林随老师胡适去了台湾，然后是隔海相望，再无相聚的日子，可偏偏在此刻，双方平添了几许淡淡的相思和怀念。在政治动荡和物资匮乏的残酷岁月里，家人想把苏雪林留下的一块布料用了，做几件衣裳，一直当鳏夫的张宝龄却说什么也不肯，说，只剩下这一个纪念了。而在海峡那头的苏雪林闻听张宝龄病故消息后，为没有与丈夫离婚，一直让他孤苦独处而自责，洒着清泪说："拖累他孤栖一世。"（《让庐旧事》）

苏雪林与张宝龄一生无儿无女，留下的和去了的，都一无牵挂。苏雪林在台与胞姐相依为命，以一百零一岁尽天年，世称人瑞。

4

1998 年 5 月，合肥已被鲜花簇拥。苏雪林以一百岁高龄，回到故里合肥，住进合肥中医医院病房。张昌华在《最后的素描——我记忆中的文坛前贤的最后一面》中，给苏雪林画了一张这样的"素描"：

> 苏雪林坐在轮椅上，一身玄色，面色清瘦，银丝多于黑发。她的发型很独特，类似时尚小女孩理的男士小分头，大概为了洗头方便吧。衬得人很精神。小碎花内衣翻领外露，颈项的红丝带下坠着吉祥物：布制的一枚红黑相间的小八卦图和一只栩栩如生的五彩大公鸡。她肖鸡。

这是苏雪林在离台登机前，她的一位八十岁的老学生给她戴上的，为的是祝福师长平安。

张昌华是《苏雪林自传》的责任编辑，她从上海特意赶到合肥，拜会人瑞的。老人看看面前的这个人，并没有反应，只是静静地看、听而已。他从袋子里，取出散发着油墨香的《苏雪林自传》，双手捧给老人，老人依然没有什么反应，但那双有些黯淡的眸子，却闪出亮光。家人说，她已经没有力气讲话了。

当天晚上，苏雪林做东设宴，招待故乡亲朋及张昌华等各方来宾。席间很温馨亲切，她的后人第三代、第四代向老人举杯敬酒，老人的淡然表情中，有笑意。干女儿秦传经附耳对老人说，请她去南京看看，老人回答三个字："我不去。"是的，老人连进餐都不能自理，靠细心的护工一口口喂，哪里有精神到钟山故都去？护工将剔去刺的清蒸鱼喂她，亲友说，这是故乡太平湖里的鱼，老人脸上有了快乐的表情，一连吃了几口。

宴罢，苏雪林老人要从酒店返回医院，亲属将她用轮椅推到汽车边，再由一年轻力壮的后人将她抱上汽车时，发生了意外，蹭掉了她脚上的布鞋，露出了她缠过足的脚。这一刻，老人一直淡然的脸竟然浮上了绯红！

苏雪林自幼被强迫缠足，等她懂事后，扯掉缠足布，但是那脚已变形，无法归于天足。这是她一个受高等教育并留学欧洲的知识分子永久的伤痛，自卑伴随了她的一生。如今虽年纪过百，那瞬间的脸红，折射出的正是这种自尊受到残害的悲凉。

接着，老人怀着说不尽的乡愁，回到阔别七十三年的故居，重游了留下太多记忆的海宁学舍，拜谒了苏氏宗祠，还饶有兴味地在宗祠前那棵苍古的桂花树下留了影。让人感到意外的是，被不幸婚姻折磨一生的"怨妇"，竟让人推进了当年结婚的"新房"里，静静地在新床坐了一会儿。这是一种对往事的释怀，也是对亡夫的一种祭悼。

这位世纪老人，凭成绩、凭高寿，每到一处都受到人们的欢迎和敬仰。她在亲友的簇拥陪同下，登上黄山的天都峰、莲花峰等险峻之地，饱览壮美绮丽的黄山风光。

老人荣归故里，中央电视台几乎天天直播，轰动全国。暌违大陆半个世纪的极富个性的老作家苏雪林，再次成为家喻户晓的人瑞，这是苏雪林和她的亲友未曾料到的。

她是遂了夙愿，含着微笑，返回台湾的。

成功大学为她出版了十五卷本《苏雪林作品集·日记卷》，第二天，1999年4月9日，是老寿星的一百零一岁寿诞。尽管苏雪林因身体不适未能出席，但为她举行的祝寿活动很隆重热闹，高朋满座、嘉宾如云，最让人感动的是她那些也已是耄耋之年的忠诚的学生，纷纷到会，为老师献上束束鲜花。

苏雪林于 1999 年 4 月 21 日，结束了漫长而又孤独的人生之旅。

是年 8 月，台湾雨季。苏雪林的骨灰在细雨蒙蒙中，被送往黄山脚下太平湖之滨的故乡，家人和友人流着泪，把她安葬在苏氏墓地，那天仍是细雨霏霏……

费罗姆曾说："19 世纪的问题是上帝死了，20 世纪的问题是人死了。"

所谓"人死了"，有人解释说"大概是指人的本质的异化"。似有些道理。

本文不想参与"苏雪林是谁"的聚讼。过去，我们常常是从政治的眼光定位人。殊不知，人是复杂的。古人说，"玉常带璞，原不该尽视为连城"，"瑕不掩瑜，不可尽弃为瓦砾"。这些话，或可让我们懂得：苏雪林就是苏雪林。

被追认"烈士"的爱国诗人戴望舒，一生为情所困

　　1948年，在香港生活十一年的诗人戴望舒，把他自1938年流亡到这里所创作的二十首诗歌，编成诗集《灾难的岁月》，由上海星群出版社出版。施蛰存在《戴望舒诗校读记引言》一文中说：

　　　　望舒在香港，在一个文化人的岗位上，做了不少反帝、反法西斯、反侵略的文化工作。他翻译了西班牙诗人的抗战歌谣、法国诗人的抵抗运动的诗歌，他自己的创作，虽然艺术手法还是他的本色，但题材内容方面，却不再歌咏个人的悲欢离合，而唱出了民族的觉醒、群众的感情，尤其是当他被敌人逮捕，投入牢狱之后，他的诗所表现的已是整个中华民族的爱国主义和民族气节了……（其）诗所反映的创作历程，正可说明五四运动以后第二代新诗人是怎样孜孜矻矻地探索着他自己的道路……

　　但是，很多喜欢戴望舒的人，总是把他的诗视为春和爱的咏叹，"春天已在斑鸠的羽上逡巡着了"，他"撑着油纸伞，独自彷徨在悠长、悠长又寂寞的雨巷"，"希望逢着一个丁香一样结着愁怨的姑娘"。他问路上的姑娘"要朵簪在发上的小小的青色的花"，或是和她唱和"残叶之歌"，或是款步过那棵苍翠的松树。"他曾经遮过你的羞涩和我的胆怯"，或是邀她坐在江边的游椅，"啮着沙岸的永远的波浪，总会从你投出着的素足撼动

你抿紧的嘴唇的"。但是他也经过爱的一切矛盾，虽是"一个可怜的单恋者"，当一个少女开始爱他的时候，他"先就要栗然地惶恐"，他对愿"追随他到世界的尽头"的人说，"你在戏谑吧！你去追平原的天风吧"……

戴望舒领略的世界是平常的、独立的、单纯的、清爽的、伤感的，有寂寞的沉郁，有芬芳的梦想，有青色的憧憬。这与他在抗战时表现的"民族的觉醒，群众的感情"是统一的、和谐的。蒲风在《论戴望舒的诗》一文中的"结论"是：

> 戴望舒始终坐在象牙塔里，回忆着自己的幽情韵事，发些零丁孤寂的感慨，做着幻想的梦。

此是一部分没有读懂或带着二元论偏见的评论家看待戴望舒的一贯观点，一点也不足为奇。

不可否认，"雨巷诗人"不属于壮阔的抱铜琵琶，唱"大江东去"的那类，但也非"持象牙板，吟晓风残月"的那类诗人。他的诗天地不算宽，有反复歌咏的悲烦、倦怠、寂寞，也有抒发爱国情怀，表现民族正气的歌吟。

戴望舒是一位民族意识渗入个人意识中去的爱国诗人。

1941 年岁末，香港被日军占领后，戴望舒被日寇逮捕入狱。狱中受尽酷刑折磨，宁死不屈。他在狱中写的《狱中题壁》《我用残损的手掌》等诗篇，表现了一位爱国者对国家的忠贞不渝、视死如归、坚信胜利的爱国情怀：

> 如果我死在这里，
> 朋友啊，不要悲伤。

我会永远地生存，
在你们的心上。

你们之中的一个死了，
在日本占领地的牢里。
他怀着的深深仇恨，
你们应该永远地记忆。
当你们回来，从泥土
掘起他伤损的肢体，
用你们胜利的欢呼，
把他的灵魂高高扬起。

然后把他的白骨放在山峰，
曝着太阳，沐着飘风。
在那暗黑潮湿的土牢，
这曾是他唯一的美梦。

　　是年 5 月，在色调复杂的"海派"小说家叶灵凤的营救下，已患严重哮喘病的戴望舒被保释出狱，逃出虎口。这位被评论家视为"用极骚杂的现代主义的形式来歌咏中世纪的轻微感伤"，为艺术而艺术的小说家叶灵凤，也以自己的方式，参与了抗日战争。他在表现都市的艺术经验上，与戴望舒早期写出梦幻般惆怅的丁香姑娘意象来寄托现代寻梦者的缥缈忧伤，是有相通之处的，只不过叶灵凤用小说，戴望舒以诗歌，艺术形式不同而已。

　　抗战中的戴望舒，其诗歌的民族意识增强，如脍炙人口的《我用残损的手掌》：

> 无形的手掌掠过无限的江山，
>
> 手指沾了血和灰，手掌沾了阴暗，
>
> 只有那辽远的一角依然完整，
>
> 温暖，明朗，坚固而蓬勃生春。
>
> 在那上面，我用残损的手掌轻抚，
>
> 像恋人的柔发，婴孩手中乳。

　　是的，戴望舒从来不属于壮阔、宏伟的那一类，天地也不宽广，但该诗情感激越、细腻，意象活跃新鲜。读者会发现，戴望舒接替了李金发，完成了李金发将西方象征诗移植到中国诗苑的使命，带动了施蛰存等诗人创作现代派诗歌。

　　"问世间，情为何物？"情者，并非都是"生死相许"，与子偕老一生。戴望舒一生为情所困，三次婚姻均无疾而终。用他翻译的《恋爱的风》中的诗句表述他的婚姻经历，便是："恋爱啊，我的冤家，我啃着你苦味的根！"

　　戴望舒第一次堕入情网，写了《我的恋人》一诗：

> 我将对你说我的恋人，
>
> 我的恋人是一个羞涩的人。
>
> 她是羞涩的，有着桃色的脸。
>
> 桃色的唇，和一颗天青色的心……

　　这诗，是为施蛰存大妹施绛年写的。戴望舒与施蛰存是莫逆之交。1923年，十八岁的戴望舒发表了小说《母爱》之后，于秋天与施蛰存同进上海大学中国文学系读书。两年后，戴望舒与施蛰存等自费办《璎珞》旬刊，以"望舒"名发表诗《凝泪出门》。同年夏，与施蛰存等加入 C.Y（中国共产主义青年团），在卢家湾地区搞革命宣传，曾因此被军阀孙传芳拘留。四一二反革命政变后，戴望舒避居施蛰存松江老家。1927 年夏，戴望舒去京，由丁玲介绍，结识沈从文、冯雪峰等。

1928 年春，戴望舒又与冯雪峰等再往施蛰存松江老家，曾与施、冯等办《文学工场》，因内容过激，未能出版。就在这年，风靡全国的《雨巷》及《夕阳下》等六首诗，发表在叶圣陶代理编辑的《小说月报》上。

说起《雨巷》，读者皆知是戴望舒的成名作，与徐志摩的《再别康桥》为当时诗坛最具影响的诗作。但很多人并不知道，这首打动了无数读者，他本人因此获得"雨巷诗人"桂冠的《雨巷》，并不是戴望舒自己喜欢的诗。因为那时他"开始对诗歌底他所谓'音乐的成分'勇敢地反叛了"（杜衡《望舒草·序》）。戴望舒写完《雨巷》后，一直压了差不多一年，才寄给叶圣陶。叶圣陶一读，大喜过望，便写信给戴望舒，称许他"替新诗的音节开了一个新的纪元"。

二十三岁的戴望舒匿居在施蛰存家，爱上了施绛年。她小他五岁，年方二九，长得亭亭玉立，从中学毕业后在上海邮电部门工作。戴望舒苦苦追求，有诗为证：

> 给我吧，姑娘，那在衫子下的
> 你的火一样的，十八岁的心。
> 那里是盛着天青色的爱情的。
> 它是我的，是不给任何人的，
> 除非别人愿意把他自己底真诚的
> 来做一个交换，永恒地。

戴望舒痴痴的爱，并没有得到回应。这让性格内向的诗人痛苦不已。1929年4月，诗人自编的第一本诗集《我的记忆》出版时，在诗集的扉页上大大印上了法文A. Jeanne（给绛年）字样，并印了两行拉丁文的诗句：

愿我在将来的时候最后的时间里看见你，
愿我在垂死的时候用我虚弱的手握着你。

戴望舒公开了恋情，表达了灵魂的苦痛和绝望中的期待。从灵魂深处发出的爱的呼唤，从文字激荡出的耀眼的真诚，让施绛年感动了。再加上戴望舒与她有了一次倾心的约谈，表示不惜以殉情，换取她的芳心，施绛年最终接受了他的情感。

等戴望舒请父母到施府提亲时，却并未获得施绛年父母的应允，最后还是在老友施蛰存的说服下，勉强接受了这桩婚事。1930年8月，戴望舒翻译的伊可维支的《唯物史观的文学论》，由水沫书店出版，后被编入鲁迅主编的《马克思主义文艺论丛》。不久，又写《诗人玛耶阔夫斯基（马雅可夫斯基）的死》，载《小说月报》。1931年10月，戴望舒与施绛年举行了订婚仪式。

1932年1月28日，淞沪战争爆发。原本，戴望舒已与施蛰存商量好到上海共办文艺月刊《现代》，而且戴已为《现代》写了《过时》《印象》等五首诗，翻译了西班牙作家阿佐林的散文六篇，皆在《现代》创刊号上发表。又作《望舒诗论》发在《现代》。戴望舒的文学事业，干得风生水起。孰料施绛年坚持提出，戴望舒必须出国留学，获得学位，方与他完婚。戴望舒无奈地登上"达特安"号邮轮，于秋风飒飒中赴法求学。在船上，他与郭文明、刁汝钧等人不期而遇，到法国巴黎后，又有李健吾等友人接应。

在漫长的航海期间，戴望舒在日记中写道：

> 今天我终于起程了。早上六点醒来，绛年十分悲伤……我几乎哽咽起来，从中华路到码头。施叔叔（施绛年之父）、蛰存……绛年来送行……船启航之前的那段时间，简直难以忍受，绛年哭着。我掷了一张纸条给她，喊着：绛，别哭。但它被风刮到水里，绛年追奔着，没有抓住它……

戴望舒到法后，先到里昂中法大学学习，亦曾到巴黎大学听课。在法期间，他写了不少关于法国作家的报道，写了《关于文艺界的反法西斯谛运动》等文章，并参与国内的文学争论，如站在鲁迅、瞿秋白、冯雪峰一边，批判以"第三种人"自居的胡秋原。1934 年 5 月，其译作《法兰西现代短篇集》在国内上海天马书店出版。1935 年 2 月至 4 月，戴翻译的梅里美的《高龙芭（附珈尔曼）》、高莱特的长篇小说《紫恋》、苏联高力里的《苏俄诗坛逸话》等，相继在上海出版。

但是，他在收获创作喜悦的同时，失去了爱情。1935 年由巴黎返国前，关于施绛年移情别恋，甚至与他订婚前早已情有所属的传闻，已在海外传得沸沸扬扬。其实，他一到法国，施绛年即表示，她不能与他结婚，因为她的感情早已属于别人。没有不透风的墙，戴望舒依稀听过这些传闻，但施蛰存和一干朋友，为了不让爱施绛年过于执着、过于醉心的戴望舒太过痛苦，都瞒着他。

出国留学，去拿学位，这或许只是施绛年设计的圈套，却让苦苦等了八年的戴望舒尝到刻骨铭心失恋的痛："恋爱啊，我的冤家，我啃着你苦味的根！"

三十岁的戴望舒，正当青春年华，生命之火，燃得正旺。作为受西方文明影响的文化人，不会因异性的背叛，而放弃对爱情的寻觅。回国不久，他与好友穆时英的妹妹穆丽娟恋爱了。

　　穆时英，人称"新感觉派的圣手"，"鬼才"是也，为上海风行的"海派"作家。是由施蛰存推荐他的小说《南北极》在《小说月报》面世后，暴得大名的。他把新感觉的文体，发挥得淋漓尽致。在现代文学史上，是他的新感觉派小说，第一次使得都市成为独立的审美对象。"穆时英"连同他的文字，都带有海上传奇的性质（《中国文学通史》），一时风靡上海滩，后来的张爱玲受其影响，写出了新的"传奇"。

　　有施蛰存和穆时英等友人的支持，1935 年冬，戴望舒找到另一好友杜衡，希望他代自己向穆丽娟的母亲提亲。这一次没有遇到施绛年家式的麻烦。穆丽娟母亲接过由杜衡代送去的钱，让女儿买了钻戒。就在次年 7 月，二人在上海北四川路新亚酒家举行了婚礼。后戴、穆夫妇搬到上海亨利路永利村居住，过起安定的小日子。戴望舒写诗、翻译，又与冯至等人办《新诗》杂志，而穆丽娟相夫教女，其乐融融。

　　1938 年，抗日烽火燃起，戴望舒携妻女，同诗人徐迟一家乘"芝沙丹尼"号邮船由沪去香港。与那里的大批文化人聚合。不久，一批文化人再去汉口参加抗战活动，戴望舒留下，在港开展救亡工作。先在《星岛日报》编文艺副刊《星座》，又受在武汉成立的中华全国文艺界抗敌协会的委托，与许地山一起负责该协会香港分会的工作。

　　1939 年元旦，他作《元日祝福》一诗：

　　　　新的年岁带给我们新的希望，

　　　　祝福！我们的土地，

　　　　血染的土地，焦裂的土地，

更坚强的生命将从而滋长。

新的年岁带给我们新的力量，

祝福！我们的人民，

坚苦的人民，英雄的人民，

苦难会带来自由解放。

诗歌洋溢着热爱祖国和人民的激情，抒发了抗战必胜的信心。

1939 年 3 月，文协香港分会成立，曰"中华全国文艺界协会留港通讯处"，以便于活动。共有七十一人到会，楼适夷、许地山、戴望舒等九人被选为干事，成立会报《文艺周刊》。后又与艾青办《顶点》诗刊，与张光宇办《星岛周刊》。同年冬，戴望舒又与郁风、叶灵凤、黄苗子、丁聪等文化名流，自费出版《耕耘》杂志。可以看出，戴望舒已成为香港进步文化人的核心人物。

《孟子·公孙丑上》曰："祸福无不自己求之者。"戴望舒与穆丽娟的恋爱，较之与施绛年来得太过顺利，毫无波澜。他与小他一个年轮的妻子相处，激情少，只把她当成"小孩子"，并无深情的交流，凡事都由他做主，并不考虑妻子的感受，加上他总是忙于创作、工作，偏偏冷落妻子，二人感情早就潜伏着危机。1994 年，七十七岁的穆丽娟在接受采访时，回忆这段感情危机，道出了原委："他是他，我是我，我们谁也不管谁干什么……我们从来不吵架，很少谈话……看戴望舒看不惯，粗鲁，很不礼貌……他对我没什么感情，他的感情都给施绛年了。"

的确，他为施绛年写了那么多真挚热烈的爱情诗，而很少向穆丽娟倾吐过温情和爱恋，连穆母病重的消息都瞒着妻子。当她从别人那里得知此消息，携女儿一起回上海时，母亲已亡故，母女竟然没相互看上一眼。这种冷漠，让穆丽娟感到彻骨的心寒。后来有一朱姓大学生爱上穆丽娟，前后近一个月，每天都叫花店给她献上一束鲜花，夹带一张求爱的字条。戴闻讯，赶到上海，棒打鸳鸯，阻止了事态发展，朱姓大学生毅然到内地参加抗日去了。

已发现感情破裂的戴望舒，感到婚姻的危机，回到香港倾力挽救，已为时过晚，妻子那早已疏离的情感，已变得冰凉。他的信和钱只换来妻子一纸要求离婚的契约。戴望舒又以"绝命书"相逼，这是他为感情第二次选择自杀：

> 从我们有理由必须结婚的那一天起，我就预见这个婚姻会给我们带来没完的烦恼。但我一直在想，或许你将来会爱我的。现在幻想毁灭了，我选择了死，离婚的要求我拒绝，因为朵朵（戴望舒大女儿戴咏素）已经五岁了，我们不能让孩子苦恼，因此，我用死来解决我们间的问题，它和离婚一样，使你得到解放。

因他曾有过一次为情自杀，得到这封信后的穆丽娟及其亲友都认为，一个人不可能再次自杀。但令他们惊骇的是，戴望舒服毒自杀了。幸运的是，抢救及时，戴望舒获救了，但以生命殉情的决绝，却并未换来妻子的回心转意，她以同样的决绝态度，写信告诉戴望舒：

> 我一定要离婚，因为像你说的那样，我自始就没有爱过你！

后经信函联系，由律师出面，二人办理了分居半年、视情再定的协议。戴望舒在这半年里，想尽办法，诚心诚意地以实际行动挽救这桩姻缘，他拼命挣钱交给穆丽娟，甚至将写满爱情的两本日记都交给她，等待妻子重新回到他的怀抱。

香港于 1941 年岁末沦陷。次年春，因抗日活动，戴望舒被日本鬼子逮捕入狱，与穆丽娟再续前缘的期待，只能化作美梦了。

戴、穆离婚，两人都自由了。不久，穆丽娟与周黎庵结婚。周黎庵也是一直活跃在文坛的人物，曾协助林语堂等编辑著名的《宇宙风》《西风》等流行杂志。据说，他受鲁迅影响颇深，甚至写作文风也学习鲁迅，但上海沦陷后，受朱朴之请，主编文献掌故类杂志《古今》。《古今》常登载大汉奸周佛海、陈公博、朱朴的老泰山梁鸿志的文章，实际是一份汉奸杂志。戴望舒为穆丽娟嫁给这等附逆不耻败类，甚感"惨痛"。

1943 年 5 月 30 日，戴望舒与杨丽萍（杨静）在香港毕打街香港大酒店举行了结婚典礼。

据戴望舒的长女戴咏素说，他父亲出狱后，便与年仅十六岁的少女杨丽萍相识。杨丽萍的父亲是宁波人，母亲是广东人。她长得十分美丽，"精致的五官，鲜明的轮廓，一双广东人的大眼睛，被长长的睫毛覆盖着。小巧玲珑的身材，闪着光泽的浅棕色的皮肤，是个美人。她活泼好动的性格，使她十分容易与人相熟"。

巧合的是，杨丽萍当时与戴望舒都供职于隶属日本文化部的香港大同图书印务局。戴望舒考虑到大同图书印务局的日本人背景，怕杨丽萍遭遇不测，便劝她辞掉印务局工作，到他家抄文稿，当助手，会安全许多。杨丽萍接受了戴望舒的好意。况且当时戴望舒已是香港知名诗人，她很早就读他的诗，特别是被捕入狱后，诗人宁死不屈，让她感到诗人是可以信赖的人。孤男寡女，相处久了，自然会生情愫。但彼时他们难以走入婚姻的殿堂，因为诗人戴望舒还没有与第二任妻子解除婚约，抑或说，诗人还苦苦等待移情别恋的妻子穆丽娟回心转意，回到他的身边。他和杨丽萍只能发乎情，止乎礼。

与杨丽萍结婚后的戴望舒，努力写作、翻译、编辑报刊。余暇还到有钱人家任家庭教师。这样，不仅住进了位于蓝干道景色优美、宽敞漂亮的住宅，家里还添置了汽车，由妻子杨丽萍驾驶，再加上女儿咏絮、咏树相继降生，家庭平静而快乐。

抗战胜利，香港光复。杜宣奉中共南方局之命，到香港筹办印刷所，找到戴望舒，希望他出任编辑。戴望舒此时写信给在重庆的茅盾，汇报工作情况，表明心迹。很快就得到茅盾的回信，委托他调查曾经在港当汉奸的文化人。《新华日报》于1945年9月25日发表《全国文艺界抗敌协会慰劳上海文艺战士并请检举文化汉奸》一文，该通讯末尾附："又讯，该会接到香港戴望舒来信，随即去函慰问，并托其调查附逆文化人。"可证。同时老舍也嘱托他尽快在香港复办文协香港分会。对此，戴望舒于11月15日召开了"文协驻港通讯处"的第一次会议，并议决：通讯会宣告成立，恢复战前出版的《文协周刊》，接受总会委托的调查工作。12月17日，戴望舒借《新生日报》版面，恢复出版香港文协通讯处主编的《文协》并宣言：

本刊今后的目标，将是：促进本港新文艺的复兴以及与全国文艺界作密切联系，从我们的岗位上去推进中国的复兴繁荣。

正当戴望舒全力工作时，自己却被卷进了政治旋涡，使他始料不及。

1946年1月1日，何家槐、周钢鸣等二十一人联名发表《留港粤文艺作家为检举戴望舒附敌向中华全国文艺协会重庆总会建议书》，表示不同意总会委托戴望舒主持"文协驻港通讯处"的决定，并要求撤销已成立的通讯处，另组香港分会。同时，有三个附件，证实戴望舒的附敌行为。上级很快接受二十一人的建议，撤销戴的工作，另起炉灶，这无异将戴望舒推向深渊。

据说，当时的重庆文协总会并未完全认同何家槐等二十一人对戴望舒的指诉，却命其到上海文协分会报到。于是，失去工作、生活拮据的戴望舒携妻女回到上海，任教于暨南大学。

何家槐诸人对戴望舒的指诉原本就是凭空捏造，为证自己的清白，戴望舒写了《自辩书》：

> ……在这个境遇之中，如果人家利用了我的姓名（如征文事），我能够登报否认吗？如果敌人的爪牙要求我做一件事，而这件事又是无关国家民族的利害的（如写小说集跋事），我能够断然拒绝吗？我不能脱离虎口，然而我却要活下去……也许我没有牺牲了生命来做一个例范是我的一个弱点，然而要活是人之常情，特别是生活下去看到敌人的灭亡的时候。对于一个被敌人奸污的妇女，诸君有勇气指她是个淫妇吗？对于一个被敌人拉去做劳工的劳动者，诸君有勇气指他是个叛国贼吗？我的情况，和这两者有点类似，而我的苦痛却是更深沉……

戴望舒的《自辩书》为他讨回了清白和尊严。对戴望舒的指诉，是误会，还是人事权力的纷争，至今仍是悬案。命运多蹇的戴望舒，不久又卷入政治旋涡——参加了"教授联谊会"组织，被暨南大学解聘。后任教于上海市立师范专科学校，又因参加教授罢课，被上海市立师范专科学校校长诬告，被国民党政府通缉。戴望舒只好携妻女流亡香港，寄居叶灵凤家的客厅。

此次到港，失业、家累、疾病缠身的戴望舒，却难有一枝之栖。据叶灵凤发表在 1957 年 8 月号《文艺世纪》上的《望舒和灾难的岁月》一文中说：

> （寄居于叶灵凤家中的戴望舒）这时他的哮喘病已经很深，同时家庭间又在一再发生纠纷，私生活苦痛已极……他的肉体和精神上的负担实在太大。素来乐观倔强的他，这时也一再在人前摇头说："死了，这一次一定死了。"

这时候，杨丽萍爱上了一个蔡姓青年，并向戴望舒提出离婚的请求。戴望舒知道婚姻无法再挽救，于 1949 年 2 月 20 日签字离婚。后来杨丽萍嫁给了留美学生杨道南，杨道南在肃反时受审查，不堪冤枉侮辱，跳楼自杀，所幸未丧命。1978 年，夫妻俩到了香港。

施蛰存说："从 1938 年到 1948 年，望舒的著作几乎都发表在香港的报刊上。"（《戴望舒诗校读记引言》）

同时，香港又是戴望舒的伤心地，他的两次婚姻悲剧都发生这里，被人诬为"附敌"也发生在这里。他说：

> 一定要到北方去，就是死也要死得光荣一点。

戴望舒于 1949 年 3 月，携两个女儿与诗人卞之琳离开香港。临行时，戴望舒说"要找自己的园地"。回到祖国北京，他有幸参加了新中国第一次文艺界全国代表大会，并被选为作协诗歌工作者联谊会理事。1950 年 2 月 28 日，戴望舒因病去世，享年仅仅四十五岁。在他与世长辞时，胡乔木等人当天到寓所吊唁，并在《人民日报》发表《悼望舒》一文。《人民日报》发消息报道：

诗人戴望舒逝世，陆定一等亲往照料入殓。

　　3 月 5 日，中央人民政府新闻总署国际新闻局和全国文联，为戴望舒举行了盛大的追悼会。胡乔木、茅盾、老舍等一百多位文化名人到会，政务院副总理董必武及中共中央宣传部长陆定一等送了花圈和挽联。

　　解放之初，诗人、烈士戴望舒，享尽哀荣。

茅盾痛失爱女，受邀访苏，在香港完成长篇绝唱《锻炼》

茅盾的文学成就，首推小说，尤其是长篇小说。

茅盾自己在《我的回顾》一文中说：

> 我觉得所有自己熟悉的题材都是恰配做长篇，无从剪短似的……那些"历史事件"须得装在十万字以上的长篇里，这才能够书写个淋漓透彻。

自1927年始，茅盾连续发表了《蚀》三部曲以及《虹》《林家铺子》《春蚕》《子夜》《腐蚀》《霜叶红似二月花》等脍炙人口的名著。被史家津津乐道。而解放战争后期，1948年9月至12月，在香港《文汇报》上连载的长篇小说《锻炼》却并未引起评论界和读者的广泛注意，至今仍被冷落。

一生办过不少文学期刊如《小说月报》，培养大量文学新秀的茅盾，于1946年6月，因国民党的查禁，不得不写《〈文联〉停刊启事》。时局艰难，被迫放弃。

长篇小说的巨匠，《锻炼》成为绝唱。在新旧社会嬗变之际，刚五十岁出头，创作成熟、精力旺盛的茅盾封笔，不再写长篇小说，坐销岁月于幽忧困菀之下，"断送一生憔悴，只消几个黄昏"，至今让人困惑。

1

关于《锻炼》的话题很多，在抗战时期的1943年，茅盾完成了中篇小说《走上岗位》，连载于同年 8 月至 12 月重庆出版的《文艺先锋》上，后被茅盾改写成长篇小说《锻炼》。到了 1979 年，八十三岁高龄的茅盾，又将《走上岗位》第五章、第六章修改后，移作《锻炼》第十四章、第十五章，于次年交香港时代图书有限公司和北京文化艺术出版社出版单行本。四年后，笔者所供职的人民文学出版社出版《茅盾全集》时，收入第七卷。斯时，茅盾已逝世四年矣。

《锻炼》是茅盾原计划写五部反映抗日战争连贯的长篇小说的第一部。

小说以上海八一三保卫战为背景，写资本家严仲平、著名医生苏子培、乡绅赵朴斋等几个家庭的成员，在拆迁工厂、救护伤员、支援火线抗战过程中的不同活动表现，以及他们各自复杂的社会关系，力求真实、开阔、深刻地表现抗战初期各个阶级、不同阶层的政治动向和精神状态。

苏子培忠于职守、正直善良，严仲平对抗战拥护又动摇，其兄严伯谦在南京政府"简任官"，阴鸷权变，孙排长赤胆报国，抗日女性严洁修机智乐观，不少人物的性格清晰可辨，形象鲜活生动。小说结构宏阔、线索纷繁、人物众多，但作者艺术处理井然有序，且故事推演得颇有节奏感。

按照茅盾的原计划，写完反映八一三保卫上海之战的《锻炼》后，第二部写保卫大武汉之战至皖南事变，包括保卫大武汉时期民主与反民主的斗争，武汉撤离，汪精卫落水，工业迁川后之短期繁荣，1939 年 5 月 3 日至 4 日日本飞机投弹大轰炸重庆，国民党政府公布"防范奸党、异党条例"，国民党人发"不抗战止于亡国，抗战则将亡党"之怪论等内容。第三部原定内容为日本袭击珍珠港，太平洋战争爆发，中原战争，湘桂战争，工业短期繁荣已成过去，物价飞涨，国民党特务活动加强，检查书报更严，发国难财者甚多，国际战争风云对中国战局之影响等。第四部拟写国内经济恐慌加剧，国民党与日本图谋妥协，民主运动高涨，国民党进攻陕甘宁边区之尝试，国际反动派日渐嚣张等内容。第五部为"惨胜"，"惨胜"系当时人们称抗战胜利为惨胜。李公朴、闻一多于 1946 年 7 月相继被杀，各部的人物即《锻炼》的人物，稍有增添。

但五卷本长篇计划，只完成《锻炼》第一部，就收手不干了，茅盾在《锻炼·小序》中，做了这样的解释：

> 这五部连贯的小说，企图把从抗战开始至"惨胜"前后的八年中的重大政治、经济、民主与反民主，特务活动与反特斗争，等等，作个全面的描写。可是刚写完第一部，即《锻炼》，就因中国共产党已经不但解放了东北三省，且包围天津、北平，欲召开政治协商会议而布置了我们在香港的民主人士经海道赴大连。大约于 1948 年尾我离香港，因此不得不中断此书写计划，而只成了第一部《锻炼》。

《锻炼·小序》，写于 1979 年 10 月 4 日，是为次年 12 月香港时代图书有限公司和 1981 年 5 月北京文化艺术出版社出版《锻炼》单行本而作。距《锻炼》于 1948 年在香港《文汇报》连载，已过去三十一年之久矣，真是往事如烟，历史早已远去。茅盾在《锻炼·小序》最后写道：

> 《锻炼》所写的是四十年前的中国社会，现在的中年人和青年人是不曾经过的……不胜感慨系之。

2

茅盾在《锻炼·小序》中解释，原计划的五卷本，是全景式反映抗战开始至胜利的八年间中国社会处于急剧变动的作品，是编年史式的真实生动的历史画卷。其中，他讲的放弃的理由，言不及义。

就文学功力而言，茅盾的创作格外厚实沉甸，具有深刻的思想主题。其作品长于对社会现实作全景式的勾勒，又富有历史纵深感，他总是让自己塑造的人物在整个复杂剧变的社会舞台上活动，既写出民族矛盾、阶级斗争的宏大场景，又能展示不同阶级和阶层的人物的历史命运。比如，《腐蚀》和《清明前后》主要揭露抗日战争进入相持阶段以后，国民党统治区的黑暗现实，让读者沉入关于国家前途的深思；而《走上岗位》和《锻炼》则着力展现全民奋起抗战的激动人心的场景，民族的血性激发人们胜利的信心。

茅盾在 1948 年后，放弃《锻炼》后四部的写作。一方面，是因为解放战争进展迅猛，胜利在望，作为共产党人文化的骨干，大量非文学性工作使他无暇坐在书桌前悠闲地品味人生，从容地写作；另一方面，意识形态和政治诉求已经发生了巨大变化，文学随之也被纳入政治轨道。

抗日战争时，几代中国作家用不同的叙事姿态和叙事策略，进行了多视角、多维度的丰富充分的叙述和表现。尽管也有些缺失和遗憾，审美价值取向亦不尽相同，但从整体来看，这段民族苦难的记忆和浴血抗敌的壮烈场面，战争中人性的复杂心理和现实，特别是战争中人的精神困境和危机，人的道德诉求和灵魂变裂，民族精神的凝聚和爆发的真实图景，都由文学保存下来，文学承载了历史的信心、勇气和浩然正气。

当然，抗战文学那种敌我分明的"二元对立叙事模式"，影响了文学的审美形态和价值取向。抗战胜利后，随着解放战争的节节胜利，"二元对立叙事模式"逐渐成为文学主流。作为一贯遵循文学规律创作的茅盾，显然不适应这一创作模式，放弃《锻炼》后四部的写作，是其理性的选择。

我们不妨回忆一下，茅盾写于 1946 年 10 月，总结八年抗战文艺概括的《抗战文艺运动概略》中的话：

> 做中国的作家其实也真恼气：一方要你写，一方又限制你写……作家题材的范围被限制到只准"扬善"，而此被准"扬"的"善"，也还不是国人皆曰"善"的"善"……
>
> 下笔之时，左顾右盼，生怕被人捉住了那种小偷儿的心情……哪一个作家不曾经验过……被许可反映到他作品中的现实不过是读者所耳闻目击者百分之一二，至于在现实的总体中恐怕至多千分之一二；而这百分之一二或千分之一二尚受抽筋拔骨之厄……
>
> 就把文艺来比作镜子罢，可怜我们的这面镜子是不让随便照的，要是镜子照到了恶疮毒疖，马上就会听到"嘘"声，一块纱便蒙上来了……

上面这些话，自然是茅盾愤然批评国民党对广大作家的创作自由受进行压迫的丑恶行径，凌厉而深刻。而且，他在写《走上岗位》时，写什么，怎么写，都是充分考量彼时国民党文艺政策后，"不得不避开对国民党在抗战初期所作所为的正面揭露，而全部采用了侧笔或暗示"。

3

纵观茅盾登上文坛后的创作，特别是长篇小说的创作，其丰富的历史内容、自觉的社会意识、强烈的时代感、鲜明的政治倾向，以及由此产生的思想力量，我们可以看到茅盾向托尔斯泰、巴尔扎克、左拉等文学巨匠学习和借鉴的明显痕迹。他创作中对于马克思主义阶级分析在艺术实践中的灵活运用，使他的作品成为那时无产阶级文学的一面旗帜。令人生疑的是，都说国民党对革命文学围剿异常严酷，图书检查更是十分严格，而茅盾的作品却一部接一部发表。怎么解释呢？要么是夸大了国民党的文化专制之酷，要么过高估计了茅盾作品的革命性。在我看来，这与茅盾善于以笔钻网，即"用了侧笔或暗示"之高超的文学技巧，与国民党"作长期的、顽强的、韧性的战斗"大有关系。如同鲁迅向黑暗挑战，多用春秋笔法，曲笔是一个路数，不像一般革命作家，高唱革命口号地将文学简单政治化，岂有不遭查禁之下场？茅盾在《谈我的研究》中说过，"一个写小说的人如果要研究的话，就应是研究'人'。应不是'小说作法'之类"；所以"'人'——是我写小说时的第一目标。我以为总得先有了'人'，然后一篇小说有处下手"。又说，"单有了'人'还不够，须得有'人'和'人'的关系；而且是'人'和'人'的关系成了一篇小说的主题，由此生发出'人'"。

对于茅盾、沈从文、巴金、老舍等人遵循文学自身规律去挖掘人性，借以反映社会生活图景的文学作品，国民党的文化官僚反而无从下手。

茅盾在《战斗的 1941 年：回忆录》（二十八）中说，他自己的文章"被开了大天窗的不多，只有三四篇，不像韬奋的文章，有的被（国民党——引者）删得只剩个标题"。茅盾以"过五关斩六将的精神，以游击战、地道战的方式，以各种公开合法的斗争方式，终于能够透过层层笼罩的毒网，把最低限度的精神食粮贡献于人民"（《中国现代出版史料》）。

综上可见，放弃《锻炼》后四部的写作，绝非国民党灭亡前疯狂的文化镇压，而完全是茅盾主动放弃。这与我党文艺政策的变化不无关系。

从 1946 年，周扬将赵树理的《小二黑结婚》《李有才板话》带到上海，在茅盾的眼里，《小二黑结婚》《李有才板话》写的是农村生活虽发生着思想的变化，但仍旧是乡村田园式的生活图景。但当茅盾看到周扬把《小二黑结婚》《李有才板话》视为标志着"毛泽东《讲话》精神在创作实践上的一个胜利"，"描写农民与豪绅地主之间的斗争"，"被解放了的广大农村中，经历了而且正经历着巨大的变化"时，突然发现，未参加在延安举行的文艺座谈会，未能聆听毛泽东在会上的讲话，思想大大落后了。他不得不重新审视政治给文学带来的巨大变化。

所以，在几个月后，茅盾在《文萃》发表《论赵树理的小说》时，其论调突然发生了巨大的变化，将赵树理的小说完全带入一种残酷的阶级斗争和政治视野中。文章一开头，陡然变成"赵树理先生在血淋淋的斗争生活中经验过来的，而这经验的告白就是小说《李家庄的变迁》"，并高唱与周扬一样的赞歌，言"不但是解放区生活的一部成功小说，并且也是'整风'以后文艺作品所达到的高度水准之例证"云云。

作为一个高水平的文学理论家，创作了大量"社会剖析小说"的茅盾先生，对一部作品短时间会有两种完全不同的评价，只能有一种解释，非文学力量在起作用。但很明显的是，茅盾后来在向解放区文艺思想界所要求的阶级斗争理论靠拢。这之后，茅盾被"布置"到香港，在那风平浪静的环境，有了创作的冲动，动笔写《锻炼》，习惯写"社会剖析小说"的他，还按老路子走，他发现与解放战争后期的政治相去甚远。《锻炼》发表后，并未引起人们特别关注，政治经验丰富的茅盾，决定放弃《锻炼》，是其明智的抉择。值得注意的是，《锻炼》一直不出单行本，这都是在 1949 年后，茅盾不得已而为之的。

《锻炼》实际上是茅盾长篇小说的绝唱，自此，茅盾再无长篇小说问世。长篇小说大师茅盾的创作谢幕，带有悲剧色彩。1949 年，中华人民共和国成立，茅盾仅仅五十三岁，该是一个作家最成熟、最有写作生产力的年华，纵观世界文豪，多是这个年龄段，为世界文学奉献出堪称经典巨著的。

改革开放之前，我们把政治的明了性直接投射于人类复杂的精神活动——文艺生产和接受过程中。这源于一个信念：阶级斗争。特别是"五十年代末以后，随着反右派、大跃进、反右倾、整风运动、阶级斗争扩大化等一系列政治斗争，'左'倾思想越来越严重，文艺界的空气也越来越压抑。教条主义盛行，公式化、概念化、模式化倾向日益严重（《共和国文学五十年》，中国社会科学出版社）"。在文艺政策对创作条条框框的限制下，即使是熟谙"社会现实主义"创作方法的茅盾，也英雄无用武之地，这大概不仅仅是茅盾个人的悲剧。

4

茅盾于抗战胜利后当年冬，从重庆到香港。次年，迎春花开出金箔般花朵的 5 月，又重返上海。1946 年，李公朴、闻一多在昆明接连惨遭枪杀，茅盾愤然写《四天之内》，寄给在香港编辑《华商报》的吕剑。该文深刻犀利，情见乎辞：

> 四天之内，中国的反动分子暗杀了两位民主的战士，这种血腥的恐怖的手段当然是企图威吓民主人士。可是这也告诉了中国乃至全世界的人民，反动派最终的希望惟有依仗暴力，而且是"掩耳盗铃"的暗杀。
>
> 从较场口血案直到这次的暗杀，一方面现实了反动派的疯狂残暴之日有"进步"，另一方面也表示了民主与反民主的斗争已到白刃相接的阶段，民主人士已经被迫得只有在"不自由毋宁死"这一历史的真理面前找出路了。而这一认识将使中国的民主运动一定要走上法兰西人民走过的道路。

接着，茅盾又写《巴士底狱的毁灭》，与之相呼应。

其实，在这之前，茅盾不幸失去爱女沈霞。抗战后期，沈霞一直在延安大学俄语系学习。后经考试，被录取到中央军委俄文专校继续学习，因党中央认为茅盾去大后方工作更对革命有利。在延安工作的茅盾毅然带上不离身的两箱书籍和文稿,与夫人一起骑上陕北毛驴,告别延安宝塔,告别女儿沈霞,沿着延河,去往浓雾沉沉的重庆……

抗战胜利时,调沈霞到新工作岗位的命令刚下达,沈霞因人工流产出了事故,不幸逝世。而她的爱人,鲁艺学生萧逸,到前线当记者,英勇牺牲在战壕里。

那年,茅盾先生刚刚过完五十岁大寿,他将女儿的照片装在一个小镜框里,摆在案头,时不时投上怜爱的一瞥……

茅盾到沪后,据《茅盾传略》说,茅公是来"参加编辑'中外文艺联络社'的刊物《文联》半月刊"的。事实上,茅盾到上海第一件事是为《文联》半月刊撰写《停刊启事》的。

中外文艺联络社,于1945年夏在重庆正式成立,是抗战时成立的中国文艺通讯社的继续。其任务是协调作者和编辑之间的供需关系,传播文化出版信息,开展中外文化交流工作。1945年8月,中外文艺联络社迁至上海。1946年伊始,署名茅盾主编、叶以群副主编的半月刊《文联》创刊号,便呱呱落地。

茅盾写的《发刊词》和《八年来文艺工作的成果及倾向》《谈歌颂光明》《也是漫谈而已》《新民主运动与新文化》等文章,相继刊于《文联》。在已出版的七期《文联》中,有小说、通讯、文评,都旗帜鲜明地宣传争民主、争自由、反内战,并介绍解放区生机勃勃的文艺实况。

鉴于《文联》的进步性、战斗性,国民党定性它为共产党办的刊物,不予登记且勒令停刊。经茅盾、叶以群研究,决定再出一期终刊号,宣布自动停刊。刚写过《发刊词》不久的茅盾,再写《〈文联〉停刊启事》,前后才半年时光。

《〈文联〉停刊启事》如下:

本刊已经出了七期，这七期的内容，距离我们的理想尚远，虽然我们已经尽了最大的努力，我们本来想办一个专门介绍新出的书刊，报道国内外文化动态的刊物（这是我们在发刊词中已经说过的），我们也知道在目前的情形之下。这样的刊物不容易办得好，但因有出版家赞助我们的宗旨，所以鼓勇一试。现在既出了七期，而未能尽如理想。那么，与其敷衍，不如暂停……

茅盾写此停刊启事，心情复杂地说："想不到我这次回到上海以后，写的一篇文章，竟是《停刊启事》，真是一个不吉利的预兆，哈哈！"（范泉《回忆茅盾先生二三事》）。

在上海，7月，茅盾翻译了苏俄杜甫辛科的短篇小说《作战前的晚上》。8月，译苏俄吉洪诺夫的短篇小说《苹果树》。10月，写《谈苏联战时文艺作品》《鲁迅是怎样教导我们的》。11月，写《谈杜重远的冤狱》。

在《鲁迅是怎样教导我们的》一文中，写抗战胜利，人民却得不到胜利的果实，日本虽败，但中国沦为殖民地的危险比以前更甚。茅盾写道：

因为鲁迅教导我们，要正视现实，要揭开那"浩然巾"，看清那些"两面人"藏在巾内的狰狞鬼脸，要盯那些"伪君子"的梢，暴露他们怎样在锁了房门以后干着不可告人的丑事，要追究那些下台以后念佛的屠伯们在台上时的凶恶，这才可以看透他的念佛还是为的重操旧业……鲁迅全部的遗教都是要我们莫存幻想，莫轻易乐观，莫轻信人家美丽的言辞。看人要从他所作所为来下判断，看事要透过表面……

茅公这篇短文，讲的就是丢掉对国民党的幻想，准备斗争。

1946年12月5日，茅盾夫妇应苏联对外文化协会的邀请，去苏联访问。

临行前写《寄语》一则，写出了祖国正笼罩着浓重的阴霾，革命的文艺工作者正煎熬于白色恐怖之中：

　　离开了这么多敬爱的师友，虽然我是到温暖自由的天地去，我的心是难过的，我依依不舍，因为你们将在祖国度过阴暗的季候……

查阅旧档案资料，可知，国民党有关方面同意茅盾访苏，且有公函为证：

　　敬启者：准苏联驻华大使馆本年九月十日来处，该大使馆接获通知，全苏对外文化联络协会（UOKS）拟邀请中国名作家茅盾先生（即沈雁冰）以该协会宾客之资格前往访问苏联，同时全苏对外文化联络协会并希望茅盾先生能于本年九、十月间莅临等由。查本案关文化出国事宜，相应函达，即请查照核办并见覆，以凭转覆苏方为荷。
　　此致

教育部

　　苏联大使馆来处译文，卅五年（1946年）九月十三日收到

　　苏联驻华大使馆兹向中华民国外交部致意并声诉：大使馆接获通知，全苏对外文化交流联络协会拟邀请中国之著名作家茅盾先生（即沈雁冰）以该协会宾客之资格前往访问苏联。同时全苏对外文化联络协会并希望茅盾先生能于本年九、十月间莅临。相应处达。即请查照为荷。

一九四六年九月十一日于南京

（公文边有批注：拟转教育部核办，稿并呈。同卷九、十三）

但是，最后教育部以茅盾"既非学校教员，亦非部属学术文化及社教机关职员"为由，做出"对其出国一节，本部依法无能为力，相应函请查照为荷"的决定，由朱家骅部长盖章后，否决茅盾访苏。

茅盾只好托沈钧儒先生帮助，给邵力子去信，催促办理。到了 10 月中，邵力子从南来信，催促茅盾到南京办理护照，茅盾赴宁，在外交部顺利办妥护照，并受到外交部长王世杰的客气接待。

从现有档案看，茅盾领护照受挫，并非国民党政府故意阻挠，而是与苏联大使馆的沟通以及呈交部门不当有关。

其实，国民党自抗战前后，也不断修正自己的关于对待知识分子的政策。比如曾被推荐为国民党第二次全国代表大会代表、代理过国民党宣传部长的茅盾，在太平洋战争爆发后的 1941 年，与大批文化人逃难到桂林，蒋介石得知，便"指示吴铁城考虑一个安置这些文化人的办法，吴就与陈立夫、潘公展、张道藩等协商，派刘百闵赴桂林了解情况，并制订了留桂文化人赴渝计划，该计划包括拨款接济留桂文化人员的具体金额，来渝路途安全护送问题，来渝后工作安排问题，蒋介石接见茅盾、胡风等人的事宜"（《台湾所见"国民党特种档案"中有关茅盾的材料》，刊于《新文学史料》2012 年第三期）。

从茅盾、胡风的回忆文章中，证明此事不虚。详情可参见《胡风回忆录》。因此，说国民党百般阻挠茅盾 1946 年赴苏联，乃不实之词。

茅盾夫妇从海参崴踏上苏联领土，然后乘火车抵达莫斯科，在苏访问、观光达五个月之久。后于 1947 年 4 月 25 日搭乘苏联"斯莫尔尼"号轮船回到上海。那天，在春风吹拂下，郭沫若、叶圣陶等早就迎迓于江海关码头。是年底，茅盾又奉命到香港。彼时，进步文化精英都聚集香港，在那里等待革命胜利。

全新的生活即将开始，茅盾和所有的进步作家，都以兴奋又有些忐忑的心情迎接一个新的中国的到来。

"春潮带雨晚来急，野渡无人舟自横"，雄伟悲壮的共和国文学的大潮，已在前方涌动……